JN062975

司法・犯罪分野に生かす 個と家族を支える心理臨床

日本家族心理学会=編集

家族心理学年報 39
Annual Progress of Family Psychology Volume 39 issued by Japanese Association of Family Psychology

金子書房

■〔年報編集事務局〕
　日本家族心理学会
　●住所　〒113-0033　東京都文京区本郷2-40-7　ＹＧビル5階

ANNUAL PROGRESS OF FAMILY PSYCHOLOGY
〔Official Publication by the Japanese Association of Family Psychology〕
Volume 39, 2021
PSYCHOTHERAPY FOR INDIVIDUAL AND
FAMILY IN JUSTICE AND CRIME FIELD
Michiko Ikuta, **Editor-in-Chief**　　　　Koubun Wakashima, **President**
Editorial Board :
Hiroyasu Fujita　　Ryoko Hanada　　　　Keizo Hasegawa
Ayumi Kitajima　　Takahiro Kozuka　　　Takeyoshi Nozue
Yasue Nunoshiba　Yasuhiko Ohkuma　　Masako Okuno
Kohei Sato　　　　Koubun Wakashima
Editorial Advisor :
Noriko Hiraki　　　Kiyotoki Sugitani

Japanese association of family psychology
Y G Building 5F, 2-40-7 Hongo, Bunkyo-ku, Tokyo
113-0033 JAPAN

はしがき

　この度の年報のテーマは，「司法・犯罪分野に生かす個と家族を支える心理臨床」である。筆者は，現在のコロナ禍と犯罪の関連について興味があり，個人的に色々と調べたり，その領域の研究者のシンポジウムを拝見したりしている。その考察によると，刑法犯認知件数の経年変化としては戦争やリーマンショックを契機にして著しく減少する傾向にあり，コロナ禍では犯罪は減るだろうという見通しであった。実際，2020年の刑法犯認知件数は，警察庁の「犯罪情勢統計（令和2年）」によると前年度より17.9％減少している。犯罪動向としては，犯罪予防の指標・対象とされてきた街路犯罪（street crime）は減少傾向にある。しかし，従来は犯罪とされていなかったこと（例えば夜に数人で話していること）が通報されるなど，犯罪データの定義の単純な経年比較が難しくなっていくだろうとのことであった。

　また，家族に関する学会に関連することとしては，家の中で起きるような暴力や逸脱行動「おうちの犯罪（in house crime）」が増えていくという予測が立っている。児童虐待の疑いがあるとして，全国の警察が児童相談所（児相）に通告した18歳未満の子どもは前年比8.9％増の10万6,960人に上り，統計を取り始めた2004年以降，初めて10万人を超えた。DV（配偶者や恋人からの暴力）の相談や通報も，過去最多の8万2,641件に上った。新型コロナウイルスの感染拡大で在宅時間が延びたことが，増加の一因となっている可能性があるようである。またコロナ禍の外出自粛により，加害者が自宅に長時間いることで，被害者が外部に相談しづらかったケースも多かったとみられる。このことを鑑みると，まさに「おうちの犯罪」つまり，家族に関するさらなる注視が必要になってくると思われる。

　今回，巻頭に日本家族心理学会第37回年次大会学会企画シンポジウムでの「犯罪被害者・犯罪加害者家族への支援」の専門家対談が入っている。

ある日突然加害者の家族というスティグマを背負った家族の支援など深い討論が行われている。

　本書に収められた章をいくつか紹介する。「犯罪や悪」というのは，例えば「人を殺す」ことは平時では悪，戦争では善となるように，社会的に相対的であることを指摘し，また悪というのは人間が本能的に欲していることでもある，という点を踏まえ，これまでの心理臨床の理論との関連をご執筆いただいた。また，薬物依存症（特に覚醒剤）患者に対する心理療法の効果について，詳細なエビデンスの紹介をしてくださった論稿，児童相談所における触法少年・虞犯少年とその家族への支援として，実際具体的なケース運びについてご執筆いただいた論稿もある。また，心神喪失の状態で重大な他害行為を行った場合の医療観察法の適応についてご執筆いただいた論稿では，対象者と被害者が同じ家族であることが多いこと，また具体的な支援内容に頭が下がる思いであった。

　また，少年鑑別所における家族支援の実際，家裁調査官が行う支援の実際など，実際にその領域の第一人者の先生にご執筆をいただいた。編者としても，大変勉強になる内容となっていると実感している。犯罪における家族支援を，幅広い方向性から網羅した書としてご活用いただきたい。

　2021年4月

生田倫子

司法・犯罪分野に生かす個と家族を支える心理臨床

はしがき ……………………………………………… 生田倫子 ………i

日本家族心理学会第37回年次大会学会企画シンポジウム
犯罪被害者・犯罪加害者家族への支援…………………………… 1
　　　　話題提供者：阿部恭子・東本愛香・駒場優子
　　　　指定討論者：今野義孝
　　　　司　会　者：若島孔文
　　　　質　問　者：浅井継悟・野口修司

I　司法・犯罪分野に生かす個と家族を支える実践
〔総論〕司法・犯罪分野における最近の動向
司法・犯罪分野における個と家族支援における今日的課題
　……………………………………………藤田博康………32
司法・犯罪分野における臨床的関与の特異性
　……………………………………………廣井亮一………44
〔各論〕司法・犯罪分野における個と家族支援の実践
児童相談所による触法少年・虞犯少年とその家族への支援
　……………………………………………浜野　翼………55
犯罪被害者とその家族の支援……………………今野義孝………64
更生保護制度の中での家族支援
　〜保護観察所における家族支援の実際………里見有功………73
非行のある少年とその家族への家庭裁判所における支援
　〜社会調査を中心に……………………………柏原啓志………82

薬物依存症者に対する心理社会的治療法

　　～覚醒剤依存症者を中心に………………………横谷謙次………91

医療観察法における家族の役割と支援をめぐる課題

　　………………………………………………野村照幸………99

性暴力被害者と家族の支援………………………西岡真由美……109

少年鑑別所における家族支援………………………阿波　亨……119

司法裁判における専門家証人………………………生田倫子……127

警察少年サポートセンターにおける一回型の協働的／

　　治療的アセスメント………………………………橋本忠行……134

Ⅱ　家族臨床心理学研究・実践の最前線

心の分離をいたわるということ

　　～イラストレイテッド複雑性 PTSD…………新谷宏伸……146

Ⅲ　日本家族心理学会第37回年次大会
**　　「『家族』に受け継がれるもの」より**

「家族」に受け継がれるもの…………野口修司・黒滝直弘……156

遺伝が家族にもたらすもの…………………………黒滝直弘……164

面接室を超えて

　　～家族療法の社会的活用と現在…………………長谷川啓三……170

英文目次　176

人名・事項索引　178

シンポジウム・執筆者一覧　182

犯罪被害者・犯罪加害者家族への支援

話題提供者：阿部恭子・東本愛香・駒場優子
指定討論者：今野義孝
司　会　者：若島孔文
質　問　者：浅井継悟・野口修司

このシンポジウムは日本家族心理学会第37回大会で
2020年9月19〜21日にオンラインで開催されたものです。

○**若島**　殺人等凶悪犯罪の約半数は家族内で生じていると言われています。その家族は加害者家族でもあり被害者家族でもあるわけです。各都道府県の犯罪被害者支援センターに，このような人々は支援を求めることができずにいました。犯罪加害者の家族は被害者でもあるという問題について，『息子が人を殺しました』（幻冬舎）の著者で犯罪加害者支援の第一人者である阿部恭子先生をゲストスピーカーに招き，家族心理学の専門家がどのように貢献できるのか討論していきます。

　登壇者の1人目は先ほど申し上げた阿部恭子先生です。阿部先生はNPO法人 World Open Heart の理事長をされています。東北大学大学院法学研究科博士課程前期修了し法学修士をお持ちです。2008年大学院在学中，日本で初めて犯罪加害者家族を対象とした支援組織を設立されました。全国の加害者家族からの相談に対応しながら，講演や執筆活動を展開しています。もう1冊著書を紹介させていただくと『加害者家族を支援する』（岩波書店）が2020年の出版です。他にも多数ございます。

　2人目は東本愛香先生です。昭和女子大学大学院博士後期課程を修了され，東京医科歯科大学難治疾患研究所助教などを経て，千葉大学社会精神保健教育研究センター特任講師をされております。東京医科歯科大

学勤務時より諸外国における性犯罪者処遇を学ぶ機会を得て，大学勤務と並行して刑事施設で提供されるプログラムにも処遇カウンセラーとして約6年務められ，刑事施設・保護観察所の性犯罪者処遇プログラムのスーパーバイザーとして，また少年施設での困難ケースへの対応にも関わっています。令和元年に設置された性犯罪者処遇プログラム検討会のメンバーでもあります。2018年の『こころの科学199号　治療のための司法精神医学』では，「矯正施設での取組み」として受刑者のメンタルヘルスと再発予防を解説されています。

　3人目は駒場優子先生です。駒場先生は法務省矯正局府中刑務所教育部処遇カウンセラーをされています。2009年より法務省矯正局府中刑務所処遇カウンセラーとして，主に性犯罪再発防止指導担当として勤務され現在に至ります。またNPO法人 World Open Heart では心理支援を担当されています。そのほか保育園・幼稚園の発達心理相談，小・中学校での支援，子ども家庭支援センターなどで子どもを中心とした支援も継続されております。

　最後に，本日の指定討論者の今野義孝先生をご紹介します。文教大学名誉教授で現在，今野心理臨床研究所の所長をされています。本シンポジウムのテーマに関わるお仕事は，被害者支援として公益社団法人埼玉犯罪被害者援助センター理事長を平成16年から平成20年まで務めています。また加害者支援として，川越少年刑務所における受刑者の教育面接担当を，平成18年から平成28年までされています。フロアの代表として何名かの先生にもご参加いただいております。質疑の時間にご質問ください。

日本における加害者家族の現状と支援

○**阿部**　私が今理事長を務めている World Open Heart（WOH）は2008年に設立致しました。最初は加害者家族支援団体として立ち上げたのではありませんでした。日本で支援が行き届いていない少数者や弱者はどういう人々だろうとリサーチを始めたところ，加害者家族という問題に

直面し，現在はその支援を専門にしています。この2008年という年が重要で，2004年に犯罪被害者等基本法が制定されてから全国の警察などに犯罪被害者の窓口ができ支援体制が進みました。もし設立がその支援の枠組みができる前でしたら，報道が真正面から私たちの活動や加害者家族という存在を取り上げることを躊躇したのではないかと思っていますので，この年に始めたことは意義があると考えています。

　これまでの支援件数は1,800件を超え，現在は年間約300件の相談を受けています。WOHのほかに日本の加害者家族支援団体は，2015年に大阪でスキマサポートセンターという団体が立ち上がりました。代表は臨床心理士の佐藤仁孝氏で，元々若島先生やWOHの講演にも来ていただいたりしている中で，この団体を法人化しました。今，NPO法人で加害者家族支援を標榜している団体はこの2つです。2018年，山形の弁護士会が犯罪加害者家族支援センターを設立し，加害者家族の人権侵害への法的支援を行っています。

　2008年に私が「加害者家族」をリサーチしようと思ったとき，「加害者家族」という単語はありませんでした。「犯罪者家族」とか「殺人事件家族」とGoogleで検索すると，事件のルポなどの情報が少し出てきて，加害者家族が自殺をしているとか，兄の結婚が破談になっているなどの情報がヒットするだけでした。当時私たちは「犯罪被害者家族」と同じように「犯罪加害者家族」という名前をつけていました。2010年に幻冬舎で『加害者家族』（鈴木伸元著）という本が出版されて以来，その単語が社会的な用語になったことは大きいと考えています。2008年当時は学術論文もほとんどなく，情報も支援もない状況でした。

　加害には，犯罪とされないケースもたまにあります。例えばいじめ。最近，東北でも連続して報道に取り上げられたことにより，いじめの加害者と言われた子どもの家族が，地域に住めなくなっているケースも出てきています。

　支援した犯罪で断トツに多いのは殺人で，200件を超えています。殺人事件は確実に全国に報道され，報道陣が犯人の実家だけではなく親族全域まで向かうこともあり，かなりの数の加害者家族が地域に住みづら

くなるなど，影響が非常に広範囲です。罪名が大きければ大きいほど，その家族が抱える困難は重く長期化します。

　次は，最近増えてきている詐欺です。振り込め詐欺も全く止む気配はなく逮捕されている人も多い。若者が多く逮捕され，その親御さんたちが私たちに電話をかけてくることが多いです。あとは，いろいろな罪名にまたがる性犯罪も多いです。

　加害者家族の方は，どういうふうに私たちを見つけて相談につながるかというと，ほとんどの方はインターネットで「加害者家族　支援」とか「家族　逮捕」といったキーワードを入れて検索し，団体のホームページから相談窓口につながっているようです。そのほか，我々も新聞やテレビの取材に可能な範囲で答えることを心がけていますが，そうした報道が出た次の日は，必ず新しい相談者の方から１件は相談が入ります。いまだにインターネットを使わない方もいらっしゃって，地方のおじいちゃん，おばあちゃんなどはニュースで流れるとそれを頼りに，また新聞の情報欄を見てという方もいらっしゃって，アクセスいただくことが多いです。最近は，いろいろな専門家の先生などからご紹介いただくケースも増えています。

　加害者家族はどういうことに困っているのか。1,800件の加害者家族でどのくらいの人が転居を余儀なくされているかというと40%とかなり高い。結婚も41%は破談になっています。支援を求めてくるのが重大事件の家族が多いということもありますが，過酷な状況に追い詰められています。一番加害者家族を苦しめる要因の１つは報道です。報道で事件が公になったことから全て始まります。最近テレビに出ている若い方で，誹謗中傷され自殺に至った残念なケースがありましたが，インターネットに加害者家族の個人情報などが拡散されることが一番怖い。あとは，家に石を投げられる，いたずら電話がやまないといった直接的な被害が，加害者家族の困難として挙げられます。

　海外の，例えばイギリスの加害者家族支援団体は複数あり，ホームページが充実していて，支援内容が詳細に記載されているので，そういうものを訳しながら支援のヒントにしてきました。しかし，10年以上支

援を続けて，日本の加害者家族が抱える問題の特徴が見えてきて，そこに沿った支援を目指さないと，大事なニーズを取りこぼしてしまうと考えるようになりました。

刑事手続きの流れに沿ってサポートを進めます。24時間いつかけてもいいというホットラインで対応します。「今，カーテンを開けて窓の外を見ると，もう報道陣が家を取り囲み始めています。どうすればいいですか」といった相談が来ます。マスコミが動くのが逮捕の前後，この人が加害者家族になったと公にされる瞬間なので，一番恐怖を感じる。事件の大小にかかわらず，多くの加害者家族が最も支援や情報を必要とするのが，事件が起きたばかりのこの状況です。これから何が起こっていくのか，家族に何が降りかかるのか，それを経験上から教えてほしいという相談が初めに来ます。ここから入らないと意味がないと私は考えています。そこで電話で随時情報を提供したり，避難していただいたり，避難する場所や期間などを事例によって具体的に助言する危機介入をします。

危機介入で大事なのは「大丈夫です」とか，安易に精神を落ち着かせる言葉ではなく，「多分あなたの事件だったら報道は長期化しますよ」などと，影響がどこにどう出るか具体的な情報を伝えることです。例えば殺人事件の場合，私たちは何件も経験しているので，これまでの殺人事件の家族がどうやって平穏な生活を取り戻しているかという経験を伝えてあげます。安易な励ましは絶対によくない。適切な状況を一早く教えて，正しい方向に導くことが求められます。駒場先生からお話があると思いますが，臨床心理士さんによる心理的支援のニーズは，加害者家族を取り巻く報道がおさまった後になるかと考えています。

事件の発生から刑務所を出るまで，長期的な期間にわたってサポートをします。どのくらい支援するのかはケースによってまちまちで，例えば「弁護士さんを紹介してください」と言われ「○○先生がいいと思います」と言って1回で終わる相談もあれば，大きな事件であればあるほど，10年も支援が続くケースもあります。終わりはこちらが決めるわけではなく，加害者家族が我々を必要としなくても，生活できるところま

で寄り添います。

　私は加害者家族を取り巻く生き辛さは，日本が最も強いのではないかと思っています。アメリカ，イギリス，オーストラリア，近いところですと韓国，台湾も加害者の家族の支援をしている団体がありますが，ほとんどの団体は受刑者の家族のサポートがメインで，刑務所と連携をした支援が多いです。日本には皆さんご存じのとおり，完全な民間刑務所はない。海外は民間刑務所と連携をして，その中の1つのエリアを団体が任され，面会に来る家族のメンタルケアなどを行っています。子どもと受刑者を面会させることによって，受刑生活をちゃんと送ろうというモチベーションにつながることも多く，子どもにも面会に来てほしがっています。だから，ぬいぐるみがあるなど，子どもが来やすい面接室をNPOなどの団体がコーディネートしています。日本の面会室はとても怖く，衛生的な感じがしないところもあり，ちょっと子どもを連れてこようという気にはならない。昔の監獄法は幼い子どもに刑務所を見せるのはよくないと考え，小さい子どもは面会ができない時期があったらしいです。そういうことも反映して，日本では子どもに刑務所を見せてはいけないと言われていました。欧米諸国は逆で，子どもの知る権利として必ず告知をするべきであると，考え方が全然違うのです。その違いが支援に表れています。再犯防止という目的も意識されています。特に長期受刑者が多いところですと，家族が定期的に面会をしないと，パートナーシップが壊れ，出所後に受刑者が戻るところがなく，それが再犯を招いてしまうこともあります。できるだけ家族関係を維持させることが，受刑者の更生のモチベーションになるので，帰住先の確保も含め，受刑者と外部の交通を促進する支援が積極的に行われています。

　例えば，イギリスでは最寄り駅から刑務所までのバスをNPOのような団体が運営しています。日本も海外もそうだと思うのですけれど，刑務所は田舎にあり，行くのに交通費がかかって非常に不便です。お金がかかると家族が面会に行かなくなるので，そうした交通・面会費の負担をバスの運営などで軽減し，できるだけ家族と受刑者を引き合わせるようにしてあげることが，海外の主な加害者家族支援です。そもそも面会

に行っているということは，関係を何とか修復したいという家族が多い
と思うので，家族関係を維持しましょうという支援が目立ちます。

　アメリカなどそうですけれども，加害者に対して割と好意的というか，
罪は犯したけれども，やはり家族だから，大切な人だからこれから一緒
にやっていきましょう，という加害者家族の方が多いと考えます。支援
の担い手も，当事者が積極的になっています。中でも罪を犯した親の子
どもたち，親が刑務所にいる「子ども」たちのサポートが支援の中心に
なります。子どもには何の罪もありませんから。

　日本でも子どもの支援は重要ですが，日本で責められるのは「親」で
す。これは大きな特徴です。芸能人が麻薬などで逮捕されたとき，必ず
親が出てきて謝罪をするではないですか。ああいうことは，ほかの国で
はありません。日本ではなぜか親が70歳になっても，80歳になっても，
「うちの息子が申しわけありませんでした」と謝ります。仕事を辞めた
りもする。そういうことはほかの国では起こっていません。親として何
かしなければならないというプレッシャーが非常に強い。相談者の続柄
も親が多い。したがって，必ずしも加害者家族を統合させるのではなく，
いかに自立できない子どもと親がそれぞれの生き方を選択できるように
なるかも重要となります。

　非行の問題などは，多分家族支援の方々は一生懸命取り組まれて専門
にされていると思います。非行と犯罪は何が違うかというと，事件が公
になるかならないかです。犯罪報道で何々の家族が事件を起こしたとい
う情報が流れると，家族の中だけでの問題では済まない。いろいろな人
が入ってきて家族だけの問題を超えてしまう。我々としては家族の無罪，
情状酌量を，世間に求めていく役割が大きいと思っています。

　野田市小4虐待死事件のとき，私は被害者の父親（犯人）の家族のサ
ポートをして，家族の代理でコメントをしました。メディアスクラムが
押し寄せてきた時期に家族は転居して，穏やかな生活をしていたのに，
裁判が始まることから報道が再加熱し，これを止めるため報道陣に一定
の情報を出しますので家族の所に行かないでくださいと伝えるために，
会見を開いたのです。メディアスクラム対策として，シェルター運営も

議論されましたが，シェルターも見つかってしまう確率が高いのと，日本では重大事件は滅多に起きないし，ちゃんとした人を置いておかないと二次被害が出る。いろいろなコストやリスクを考えると適当ではないのです。

こういった会見がうまくいくかどうかはそのときの判断で，さらに炎上するリスクがないわけではないですが，これまでは成功しています。もしさらに関心がある方は，私の書籍をご覧いただければと思います。

被害者の視点を取り入れた教育

○**東本**　実際に施設の中の加害者の方の目線で，加害者家族や被害者をどのように見ているのかお話をしたいと思います。私は「被害者の視点を取り入れた教育」「暴力防止プログラム」「性犯罪再犯防止プログラム」に関わっています。今日は「被害者の視点を取り入れた教育」のお話が多くなると思います。長期受刑者を収容する刑務所と協定を結び，受刑者へのちょっと特殊な理解の示し方や，適切なプログラム及び課題提供時期の検討などをしながら教育を行っています。

2020年9月9日に「刑務所で被害者を思いやる教育を」というニュースが出ていましたが，検討委員会が設置されたそうです。「思いやる」という言葉には不安を感じますが，委員会に関わっている施設の先生が内容について声を出せる立場と伺っているので期待したいです。また，今日のシンポジウムなどが生かされると良いなと感じています。

「被害者の視点を取り入れた教育」について少しだけ紹介します。矯正局の作成した手引きによると，「命の尊さの認識」「被害者の実情の理解」「加害を繰り返さない決意」という目標があり，概ね12単元で行われ，標準実施期間が3か月から6か月となっています。

長期受刑者の介入には，幾つか課題があると長年言われています。ある程度刑期が進んでからプログラムを実施することが非常に多い。執行刑期の何分の一か，または半分過ぎてからプログラムを受けるというようなことがずっと続いて，ある意味長い時間手つかずで受刑生活に慣れ

て，被害者などの問題が棚上げできる状態が続いていると思います。天袋にしまっていた荷物を見つけても，中にどんなものがあるかも見ず，想像もせずに，もう一回戻すような状態になっていて，そのうち，そこに物が入っていたこと自体も忘れてしまう。そういった生活を送っている人たちがたくさんいます。コミュニティの中で毎日の「決定」を行うこともないので，何か決断をするなど，矢面に立たされることもない。刑事施設の生活は厳しい面も多いですが，ある種の問題には「うまくすると向き合わない」でいられる人がたくさんいると思っています。

　私が関わっている長期受刑施設では20年，30年と，何も介入されない方もいました。そういった方に被害者の視点を取り入れた教育という，被害者に引き寄せた土壌で考えさせることについて，果たしてどんなことが話せるのか，課題なのかと思っていました。長期受刑者の施設の場合は，こういったプログラムを受けていないという人が絶対的に多かったので，それについて共同研究をしたこともあります。

　従来の被害者の視点を取り入れた教育とは，命の尊さや被害者の心情理解に重きを置いているのですが，本人の自主的なプログラムに取り組むか・取り組まないかの決意もままならぬまま，具体的な謝罪のやり方（SST など）にのみ特化して教えていたり，講話だったり，グループワークと言いながら，誰かの話を聞いて順番に感想を言うだけのこともありました。ほかに被害者の手記をみんなで読んで感想文を書く，ロールレタリングなどを毎回ずっと行うみたいなこともあったように思います。

　加害者としてしっかりと責任の重大さを自覚するよう促す，被害者が置かれている状況，その生活全般に生じる問題の深刻さを認識させるにはきっと準備がいると思います。加害者として被害者にすべきことを具体的に考えさせ，実行に移す決意を固めさせるのが目標です。そのためには，何より加害に至った自分の問題を棚卸して認識させ，二度と罪を犯さないため何をすべきかを目標にしたプログラムが必要と考えて，私たちは12回にわたって実施しています。

　被害者について知る。被害者の視点で話すことを意識する。刑務所を

出て社会の一員としての生活をイメージする。自分と社会と家族とのつながりを考える。それを過去，今，未来という時間軸で考えて，今後あり得る，または今起きている自分と家族や社会の間の問題解決の方法を学ぶ，何よりグループで我々とともに自分以外の人と一緒に棚卸をするという作業を通して，物事を考えることができるようにする，心の安定とは何かを持続的に考える力を養うことができるようにするという目標のもと，プログラムを実施しています。プログラムの最後には「なりたい自分」を書いてもらうようにしています。古い私はどんなふうに人とつながって，どんなことを考える人で，どんな態度だったか。今，プログラムを受けて座っている私はどうか。今後の私はどうなりたいか，こうありたいという自分をイメージさせています。さまざまなつながりの中で事件を考えよう。そのつながりの中で対処策を考えよう。そして，今後のつながりについても考えてみようということをやっています。

　話題としてよく出るのは，そもそも被害者とは何なのか，誰なのか，どこにいるのかということと，共感するとはどういうことなのか，社会の中での私はどういうものなのかというものがあります。

　加害者のお母さんが１人で被害者への謝罪に長年訪れているという話が出たことがありました。最初の数年間はなかなか会うことができなかったけれども，何度も伺う中でお母さんとそのご家族の中につながりができてきたというお話でした。話す本人はもとより，お母様の心情を考えると，参加者みんなの心が非常に揺さぶられる経験でした。

　私は「そのときお母様はどんな思いだったのか想像すると」みたいなことをボソボソ言ったり，「すごいパワーを注がれている。こんな毎年毎年何度も嫌がられても，断られても行くなんてすごいパワーをお母さんは使っている。それを想像しただけで何て私は声をかけていいか分からない」みたいなことを言ったりしました。感情的に話すのではなく，ポソポソッと置くように話をする。そんな中で参加者から「こんな強さのある人だと思っていなかった」「そういうふうにしてしまったのは自分たちなのかもしれない」という意見が出て，今後どうしていくことができそうかという話に展開することがありました。

家族内の殺人について話をしたケースでは，加害者である自分への家族の応援を日々感じる一方，支えがあるからこそ非常に不安を抱え，自分を責めることも多くなってくる方もいらっしゃいました。受け入れてくれ関係も維持されている。でも，本人はそういった関係が迷惑をかけているのではないかという不安を，メンバーの人に話す経験もありました。その克服をプログラムを通して行うこともあります。プログラムで不安で投げやりになったり棚上げしてしまったりすることを防げたと言ってくれたり，ご家族との現在を報告してくれたりする人もいました。

　性加害などのケースでは家族内で事件が起きることも多く，本人たちは家族は気付いていなかったと言いますが，私はどうなのかと思うことが多いです。知らぬうちに被害が非常に広がっている，見ているけれども知っていることを隠している被害もあるのではないか。そう考えると，その状況が維持されていたこと自体心配だという話をしたり，その後のケアについてもしっかりとなされているかどうか心配だという話をグループの中でしたりします。すごく心配している点です。

　少年非行は，あまり重くないケースから重大なケースまで関わることが多いです。阿部先生がお話しされたように，どうしても家族が矢面に立ちます。その上，家に戻ってからもサポートしなければいけないという負担も考えると，大きな責任と役割が家族に一手に任されてしまう。そういった話をします。非行の原因をつくったのは家族ではないかもしれないけれども，今後のサポートの重要な鍵として，家族が健康で安全に維持されていなければ本人の回復も非常に難しいと考えると，家族のみに対応を委ねられないこともあります。その点について本人と話して，ほかにサポートを求めた方がいいという話もします。

　もちろんいい話ばかりではなく，勉強をしようと本を送ってくれと家族に差し入れのお願いの手紙を出したら，別の本が送られてきて怒る人もいました。その加害者の事情から考えると，家族に向かってそんな文句を言える状況ではないだろうと思ったりしたのですが，本人としては興味とやる気があって期待していたからガーンとなったのかもしれないので，他の考え方ができる視点について話すこともありました。

あと事件によっては，手記として本にしないか，映画にしないかなど
というアプローチがあって，お金になると思ってどうしましょうかとい
う話をする人もいます。作品にすることで与える影響，もう一度事件に
意志とは関係なく引き戻される人がいることを想像していないのではと
いう話をしながら，止めるのではなく，どう思うのか皆で話をすること
もあります。加害者の方が日々の不安や不満を出してきたときには，社
会にいる誰々はどうでしょうねとか，逆に加害者の方が日々の幸せを感
じられたそのときに，あなたが感じていることを外にいる人はどう感じ
るかしらねとか，そのことを感じられなくなっている人はいないですか
ねみたいな話をして，加害者の方の視野を，被害者の視点からさらに広
く他者の視点に広げていくことがあります。

　あるプログラムに「1週間のスケジュールを考える」という課題が
あって，その中に自分の家族や周りの社会を登場させて，例えばこの日
は家族と一緒に餃子を食べるとか，母親の様子を見に行くというような，
他者を登場させていく話題を通じて，人と自分とのつながりを感じても
らうようにすることもあります。

　プログラムの中で特に意識してこんなテーマが出てくるようにしてい
ることがあるとすれば，1つは自分たちの置かれている状況の認知です。
自分たちがとても安全で守られている場にいるということを，わざわざ
言わせるのではなく，何となくそこに向かうように話をしています。自
分たちがいかに安全で，家族の方が矢面に立っているか。被害者の方が
名前が出たり取材をされたりすることが多く，勝手に問題に供せられる
ことがあるという認知を図る。大きな事件などは，報道によって関係者
の人が無理矢理渦中に引き戻される予想外のこともあります。そんな中，
長期受刑者である自分たちはそういうことを見ないでいられる，非常に
守られている立場なのだと話したりします。

　2つ目は，そのことから派生して被害者や家族の置かれている状況へ
の認知，そういうことを語るタイミングを逃さないようにしています。
どんな気持ちでそのことを話すんでしょうかねとか，どんな気持ちで行
かれたんですかねとか，そのニュースを見てどんなふうに思いますかね

ということを話して，加害者の方の認知を探っていく作業もします。

　そして先の話として，出所後あなたが戻る所はどこか，そのとき被害者はどう思うか，ご家族はと，これから自分の置かれる状況への認知と問題解決について，話題を工夫をしながら扱うことがあります。

　私は普通の社会にいるので，出所者の人たちのエピソードを伝えつつ，普通に困ったり笑ったりしていますが，明日は我が身かもしれないという気持ちを伝えて，加害者の人の気を惹きつけたりすることもあります。

　一方，私も社会の一員として，加害，犯罪を憎む一人なのだという立場でお話しすることもあります。私がここに来ていること，加害者を支援する加害者支援の立場を，被害者はどう感じるのかという話をすることもあります。何で私がここに来ていると思うか，どんな気持ちで来ていると思うか，想像をしてもらったりします。私の後ろにいるのは加害者家族であったり，被害者家族であったり，あなたが帰る社会であったりというお話もします。いろんな立場や視点で関わります。

　共感のプログラムについては，さまざまな順序を踏んでいくと，自分のことを語れる人が出て来るように思います。話し合う準備，受けとめる準備をしてからでないと，難しい課題も多く，内容の工夫も大事であると，今回先生方のお話を視聴して改めて感じています。共感と言っても，同じ気持ちになるのは非常に難しい。厳密な言葉の意味としては違うかもしれませんが，大事なのは思いを馳せる機会を持つ，どういう思いだったかを思うことも「共感」という言葉に含めて話をします。

　次の段階では，実際に被害者について話をしてもらいます。ここはかなりリアルにその日のことを話す人が多い。被害者の人は死にたいと思っていたと思いますかとか，このまま殺されたいとあなたに目で気持ちを伝えたと思いますかという話にもなります。振り返りと，その後のセッション，問題解決の練習などを経て，被害者の感情をぐいぐい考えるゲストスピーカーの人のグループワークを入れています。これはプログラムの最初の方で行っても抵抗が強くなって，後の内容が入ってこないと感じます。最後の大事な山を向き合える対処法を，それまで学んでからそこにグッと押すということを，プログラムの中でやっています。

刑事施設は想像力を働かせると，日々の生活が辛くなることも多く，どちらかというと想像力を排除しているところがあります。うっかり創意工夫をすると，懲罰につながってしまうこともあります。この想像力と創意工夫の2つが欠如している状況で，大事なことをしていかなければいけないと日々感じています。

　そういったことを踏まえてやっているのは，事件や被害，今の状況のことを，弁護士の人から聞いたとか，手紙にこういうふうに書いてあるとか，誰々はそういうふうに言っていたという外からの情報ではなく，加害者の方自らが当事者のことを思い浮かべていくようにすること。笑っているのか，ご飯のときどんな会話をしているのか，似たようなニュースがテレビで流れたらどうするのかというような場面を想定，想像してもらって話をすることが非常に多いです。

　また，加害者の彼らはここにいると何もできない，やらせてくれない刑務所が悪いという言い方をしたり，出たときのことは出てみないと分からない，出たとこ勝負みたいなことを言うので，被害者への謝罪はそもそもどういうことで，そこに向けてここでできること，今でも準備できることは何なのかという考えを出していく作業も一緒にします。

　私が彼らとの関係の中で，より家族や被害者のことを考えてもらうため，一緒に取り組むために，心がけていることは何かと言うと，つながりを大切にして経験を伝えることだと思います。私自身の刑務所とのつながり，社会とのつながり，教育専門官との処遇の連携も含めて，つながりを見せて，それを大事にしていることを伝えています。

　また加害者の人たちを，人としてちゃんと尊重するということ。これはある先生に教えていただいたことで，尊敬するとかではなく，びっくりすることを言ったら驚かなきゃいけないし，感動することがあったら感動しなきゃいけないし，悲しむことがあったら悲しまなきゃいけない。その反応を出してくださいと言われました。それが人として彼らと向かうことで，彼らが刑事施設の中で離れてしまっていることかもしれないので，気をつけています。

　そして，相手と対等な人間であると意識しているからこそ，事の重要

性を率直に伝えることもあります。問題解決に向けて建設的な話し合い
をしたいのであれば，話し合い本来の目的をきちんと見据えて，対等に
話すことが相手を尊重することではないかと思います。

　共感し続けること。興味関心を持つこと。事件そのものではなくて，
その人の考え方に興味を持ち続けることも意識しています。

　事件を起こすことには，全く私は同意できない。けれども，以前の加
害者の方のような生活をしていったら，荒んだ気持ちになってしまうこ
とは想像できるというふうに，私自身が理解できるところは共感したと
伝えるようにしています。また分析して，分からないけれども想像でこ
の人はこういう人だと考えるより，直接本人に聞いてしまうこともあり
ます。どうしてそういう気持ちになるのか分からない，もしくは，全然
思ってもみない考え方が出てきたときは，もう他のプログラムを実施さ
れている方からしたら，斬新としか思えないというような自分の受け取
り方を伝えたりもしています。

　また，裁判の内容を書いた裁判書きではない，あなたの話を聞きます
と伝えています。加害者の犯罪について「知っているんですか，先生
は」と言われることがありますが，裁判書きやあなたたちの入所態度な
どを書いた身分帳は見ているので知っていますが，そのときあなたがど
うだったか，あなたが見た家族とか，あなたが見た被害者の話をしてく
ださいと話を促します。

　あと，最後より最初の会が一番大事と思っています。あなたも加害を
する直前までは，被害を受けていた側かもしれないということを伝えな
がら，被害者とはどういう人なのかということを話します。そこでちゃ
んと気づく人は，家族や自分に捜査で聞きに来られた人も，広い意味で
見れば，被害者の1人のようなものだと気づいて，被害者の幅が広がっ
ていくこともある。最初の会はとても大事だと思っています。

　私自身の話や社会の話も含めて，メタファーやたとえ話も駆使しなが
ら話をしています。手数が足りているとは全然思えませんけど，「出来
得る限り」進めている現状です。本当はどういうことを伝えていくべき
か，さらにこのシンポジウムで勉強できればいいと思っています。

加害者家族の子どもへの支援

○**駒場** 高校生の女の子Aさんの事例を紹介します。阿部先生のところにまずお母さんからご相談があって、阿部先生とお母さんの間で娘さんの状態が心配だということからつながりました。

お父さん、お母さん、Aさんの3人のご家庭で、お父さんが逮捕されました。本当にある朝突然自宅に警察が来て、お父さんがその場で逮捕されるという出来事がまずありました。Aさんは在宅していて、父親に何があったか全部見ていました。突然、家族が逮捕されるのはどの家族のメンバーにとっても、衝撃的な出来事になるだろうと思います。特に子ども、そして思春期の子どもにとってかなり影響は大きいと考えられます。その後、阿部先生にお母さんが連絡をして相談が開始され、2人は転居しましたが、Aさんは同じ高校に引き続き休むことなく登校していました。

面接にはお母さんの勧めでAさんが1人で、部活の後やってきました。私がよく来たねという感じで話を始めました。げっそりしているとか、覇気がないという状況ではなく、元々そのような臨床像の方なのかもしれませんが、むしろ淡々とサバサバとして、特に落ち込んでいる感じはありませんでした。私から食事、睡眠時間に変化がないかどうか、体調面のことを聞きながら確認をしました。

やはり警察が来た、逮捕された数日の間は、食べる気持ちにならなかった。けれども、私が会ったときは、そこから2〜3か月はたっていたので、睡眠、食事も安定していると言っていました。お母さんの勧めで始まった面接ですが、改めて本人に「今日、ここに来てどんな時間が過ごせれば来てよかったと思えるか」を尋ねました。「学校や、お母さんにやはりこの話はできないので、そういうことが話せたらいい」と言われました。私は「せっかくの自分の時間なので、どこからでもいいので話したいことを自由に話してみて」と話を始めました。

最初に、やはりお父さんに対しての気持ちが出てきて、「もうあの人

なんて一生会わなくてもいいと思っています。もともと別に好きでもな
かったし，嫌いだったので」という不満や「何でそんなことをするのか，
本当に信じられない」というネガティブな気持ちを言葉にしていました。
それ以外には，学校は普通に頑張ろうと思って，自分の意思で休まずに
行っていると話しました。お母さんが「落ち着くまで休んでもいいので
は」と最初に提案したらしいのですが，特別なことはしないでやってい
ますと気丈な感じで言っていました。

　誰にも話していないということでしたが，彼女から見てもお母さんは
大変そうで，家庭の中でそういう雰囲気を感じたくないから，あまり長
く家にいないようにしている，だから部活にも結構頑張って行っている
とも言っていました。転居で通学路，電車の経路も変わり，一緒に通う
子がいなくなったので，気まずい思いをしなくていいから楽ですとも
言っていました。

　特に落ち込んでいることはないと，本人は言葉としては言っている。
一方で生活は変わり，友だちや母親には話せないので今日は来たのです
と言っています。逮捕や家族にまつわる刺激から回避したい状況にある
のだと，私は把握しました。

　そこで，事件や事故に巻き込まれたり，予期しないようなことが起き
たりすると，体や心に特別起こることがあると説明しました。ストレス
がかかると体と心にどういう症状や変化があるかという，心理教育的な
内容です。規則正しく通えていること自体を労って，今回の事件で生活
が変わってしまったり，引っ越ししたりしたことがあったけれども，こ
こに行けば自分の居場所は変わらずにあるという学校や部活動の場があ
ることは，心を守る，心の健康のために重要だと伝えました。

　さらに「事件直後は緊張感があって，過活動，過覚醒になることが多
く，眠れなかったり，食べなくてもお腹が空かなかったり，活動を活発
にしても疲れた感じがしない人もいるよ。むしろ元気に見えて，テン
ション高いという感じに見える人もいるよ。でも，その時期を過ぎて落
ち着いてくると，張りつめていたものが緩んで，別の体の症状や心の体
調の変化，落ち込みが出てきたりする可能性もある」と伝えました。A

さんは，事件直後は，自分でも何か元気で変だなと思っていたと話していました。友だちにも「最近テンション高くない？」と言われていたと振り返り，やはり何か違ったのかな，と言っていました。

　ほかの犯罪で，急に家族が逮捕されるような事態に陥った家族やお子さんに対しても，このようなことはよく伝えます。起きたことの重大さを実感したり，自覚したりすることは心が脅かされるので，不安の回避のために気持ちが動かなくなったり，鈍麻させていたり，適応的な判断ができない状況である一方で，大きな決断をしようとする，したくなることが多くあるとも伝えています。

　Aさんの場合も，もうお父さんと一生会わなくていいと言っていますが，じゃあ，もう一生会わなくて面会にも行かないのねと結論付けるのではなく，今日，この人はこういう気持ちでいると，この日の気持ちとして受け取っています。この件はもう考えたくないとか，何でお父さんはこんなことをしたのかというネガティブな感情がゴチャゴチャに混ざって混乱している状態なのだろうと理解して，言葉としては「一生会わない」と言っているのだと受け止めています。面接の場では，その言葉をそのまま受け取ってそのままに聞き，本当に大変な中よくやってきたねと伝えました。

　エネルギーの配分が難しくなっているという仮定のもとですが，危機介入的な心理支援としては，今後，数週間の間の自分の予定をざっと見通して，これはちょっと疲れそうだとか，嫌だとか，そんなイメージが湧く予定はないですかと聞くことが多いです。頑張り過ぎてしまいそうな予感があったり，これは少し顔だけ出しておく方が良いかと考えたり，この日はこのくらいの力でやれそうかなどと，そんな見通しをつけるため，すごく疲れそうな予定は赤，中程度は黄色，大丈夫そうだし楽しみなのは青というように分類していきます。2人でこれはどう，これはちょっと疲れそうと一緒に確認します。その後，これは疲れそうだから行かないことにしたけれども，何と言ったら相手に失礼ではないか，嫌われないか，今後のことを考えて何と言い訳しておくのが良さそうかなども一緒に考えて，合理的な言い訳を考える手伝いをすることもありま

した。本人に判断を任せる部分もありますが，そこに補助できる点があるといいかと思います。

　それから，「親がこんな状態になったら，私の人生もう終わっている」と思うことは，中高生だったら想像して自然だと思うけれども，自分の人生を自分で選ぶことはいつでもできると伝えつつ，今日決めなくていいよということをよく言います。元気になったときのあなたが，いい考えを思いつくよ，だから今日は考えなくても大丈夫というように保留を提案することもあります。

　この事例の場合は，お母さんの判断で転居していますが，本人が小さいときから住んでいた地元を離れることについて，どう感じているか，現実の選択とは別に，本人の心の事実を聞き取ってあげたいと考えます。お父さんとの面会のことも，お母さんが会ってほしいと言うから面会するとか，家族だから会いに行くべきとか，そういう理屈はいったんなしにして，今日あなたは会いたいかどうか，その日の朝に決めればいいのではないかという形で，先ほどの赤，青，黄色の予定のように，今日会ったら動揺してその後の試験に影響しそうだと考えて，今回はやめておこうか，と提案することもあります。一方，お母さんが子どもの成長にいい影響がないからあの人には会わせないとか，親が決めてしまうことについても話し合います。あくまでも本人がどうしたいのかを大事にできるといいと思います。

　子どもの安心・安全のための心理的なサポートとしては，なかったことにしないことが大事です。先ほど阿部先生から，初期段階ではやたらに「大丈夫だ」と言わないというお話がありましたけれども，心理の仕事の者として関わるときは，事件の内容や警察が調べる出来事ではなく，子ども自身がどういう体験をしたと感じているのかを，まず大事にしたいと思います。心の事実をそのまま受け取っていきたい。この家庭の場合にはお母さんが，そうだね，そうだねとお子さんの心の事実を聞き取るのは，お母さん自身も当事者で巻き込まれているので，きつい場合もあるかと思います。そういう心の整理の手助けに，外部の第三者の専門家は役に立てるでしょう。

子どもがお父さんに対してネガティブなことを言っていると，周りの人たちは，いろいろ大変だったけれども，頑張っていきましょうよみたいなことを言ってしまいやすいです。子どもの動揺を鎮めることを考えたときは，子どもがどんな体験をしたのかという，心の事実の受け取りなしではいけないだろうと考えています。そのまま聞くという態勢にも専門性があります。子どもが想像や空想でこの出来事を自力で対処してストーリーをつくりトラウマにしてしまわないため，あなたはこういうことでこのように感じているのだねと，いったん確認する，こういう不安があるんだねと言語化する，心理的なケアが大事だと思います。

言語化することと体にアプローチすることはとても重要です。大人の方にも言えることですが，特に十分にお話ができない小さい子どもなどは必須だと思います。高校生も十分に言語化できているかどうかは分かりません。呼吸法を一緒に練習したり，筋弛緩法を教えたり，体へのアプローチは大切です。体を緊張させると，自然にその後は弛緩できる仕組みがあると説明することが多いです。事例の紹介を終わります。

指定討論

○**今野**　お話を聞きながら，改めて犯罪被害者援助センターに関わってきたことや，川越少年刑務所でのお仕事に携わらせていただいたことを振り返ってみました。犯罪被害に遭った人と，その家族は事件を契機に，仲間や職場，地域から疎外され，さまざまなつながりを失うことが少なくありません。時には家族からも疎外され，自分は汚れた忌まわしい存在という自己不信感に陥ってしまいます。こうした状況が，被害者を長期にわたって苦しめます。また，加害者やその家族に対する憎しみだけでなく，自分を取り巻いている地域社会に対して憎しみを強めることもあります。加害者家族もそれまでの大切な人やコミュニティとのつながりを断ち切られ，社会的な孤立に陥るのを多く見てきました。

犯罪被害者援助センターの理事長という仕事をしていた際，支援には一定の研修を受講してセンターに登録されたボランティアが当たってい

ました。当時20名ほどの女性の支援員がいましたが，その経歴はさまざまでした。支援の主な内容は被害者の生活支援，法廷や検察庁や病院への付き添い，被害者の自宅訪問による寄り添いなどです。支援期間は通常，事件発生後1か月間と決められているのですけれども，被害者の状況に応じて半年ないしはそれ以上に及ぶこともありました。

　私の役割は，理事会でセンターの活動を統括することに加え，定期的な研修会で支援員の情緒面やストレスマネジメントのサポートをすることでした。支援員のほとんどはボランティアで，しかも犯罪被害者支援については全くの素人です。そのため被害者の悲嘆に共感したり，巻き込まれたりして，共感疲労や二次受傷の恐れがありました。途中でボランティアを辞退する方も何名もおりました。そうした人たちのケアのために，精神科医や臨床心理士を中心として支援員のサポート体制を整えることに重点を置きました。そして，地域のつながりをどのようにしてつくっていくかに大きなエネルギーを注いできました。

　被害者及び被害者家族（遺族）は，地域の中で忌避されたり，孤立を余儀なくされたりすることがあります。被害を受けたのにその地域に住むことができなくなった方も実際いました。被害者支援は被害者の苦悩を少しでも和らげ，被害者が孤立しない地域のつながり，他者を慈しむ社会，一人一人の尊厳を大切にした社会を築くことにあると強く思いました。そこで，犯罪被害の防止と地域の理解を得るための日常的な市民活動への市民や学校教育での啓発活動に取り組んできました。

　私自身も県内の主要な駅で啓発活動を行ってきました。しかし，私たちの活動に関心を示してくれる人はほとんどいませんでした。むしろ，あからさまに関わりたくないという態度を見せる人がほとんどでした。啓発活動には被害者家族の方も参加しておりましたけれども，一般市民との間の溝の大きさに衝撃を受け，精神的に不安定になってしまうこともありました。街頭活動での啓発のたび，無力感を覚えたり，支援の必要性をどのように市民に広げていくか悩み続けたりしました。阿部先生からは理事長をなさっているNPOの取り組みを中心に，加害者家族への支援についてお話を伺いましたが，啓発活動についてご感想とか具体

的なヒントなどをお聞かせいただければありがたいと思っています。

　私は犯罪被害者援助センターを退いた後，加害者支援にスタンスを移しました。当時は，被害者支援をやっていた人が，何で加害者支援をやるのだと不思議に思われたり，非難をされたりすることもありました。しかしながら，「加害」「被害」はある意味表裏一体の関係にあるという思いが私の中にありました。地域社会そのものが一人一人の尊厳を大切にするつながりがないと，被害に遭うこともあれば，加害につながってしまうこともあり，まさに両者は一体だと思います。そういうことで，川越少年刑務所の受刑者教育プログラムの仕事に携わらせてもらいました。ここでは教育プログラムを行うための準備として，1年から2年間にわたって教育担当者との間で信頼関係づくりを行っています。近年は受刑者のほとんどが虐待を経験したり，愛着形成に重篤な問題を抱えたりしています。そのため，大人や権威のある人に対する不信感が強く，すぐに教育プログラムを導入することは困難です。また，彼らは大人から自分を大切にされたり，自分の気持ちを受け止めてもらったりした経験が乏しいため，自分の気持ちを正直に語ることが困難です。私の役割は受刑者の話を肯定的に傾聴し，彼らの気持ちを大切に受け止めながら社会復帰の手助けをすることでした。

　東本先生の受刑者の改善指導においても，受刑者とセラピストの間で信頼関係づくりが非常に重要だとお話いただきました。先生ご自身がどんなふうに受刑者との間で信頼関係を築きながら，このプログラムを展開しているのか，ヒントをお聞かせいただければと思っております。

　犯罪加害者の家族は，それまでの平穏な日常生活を一瞬にして破壊されると言ってもいいかもしれません。身内の犯罪によって，それ以外の家族も加害者と同等に見られ，地域社会の中で孤立を余儀なくされていくことが少なくありません。駒場先生には，家族そのものがバラバラになっていく，バラバラになっていきそうな中で，自らの尊厳を保ちながら，自分であり続けようとする加害者家族への寄り添いについてお話をいただきました。この方が，その後どのように人間的に成長を遂げていったのかをお話しください。

フロアからの質問 1

○浅井　北海道教育大学釧路校の浅井と申します。普段，なかなか加害者・被害者支援，加害者・被害者の家族支援に携わる機会が少ないもので，非常に興味深くお話を拝見させていただきました。先ほど今野先生のお話にも「地域」という言葉が出てきました。一般の，関わるかどうか分からないけれども，心理士や，ほかの支援者に対して，3人の先生それぞれのお立場から，今野先生にもこんなことはぜひ，多くの人に知っておいてほしい，こういった理解があれば，世間・地域も変わってくるのではないかということがあれば教えていただければと思います。

○阿部　加害者家族の状況は，支援に携わるまで私は本当に知りませんでした。知らなくて当たり前なのではないかと思いましたが，今，事件を担当すればするほど他人事ではないと思います。事件と言うと，殺人事件等大きなものを皆さん想像されるかもしれないですけれども，例えば高齢ドライバーの事故も今は非常に増えていて，ウチは子どもがいないから，私結婚していないからといっても，親が交通事故を起こして子どもをひいてしまうなんてよくあることで，被害者からすれば「人殺し」という言葉が出てきてしまいます。加害者家族とは，家族に属していれば，多分皆さん多くの方が何かしらの関わりがある見えないリスクだと思います。報道も，加害者家族をさんざん追いかけている癖にというと失礼ですけれども，肝心なこの状況が全然追えていなかったわけです。なぜかと言うと，やはり今は加害者家族がカミングアウトできない。そこが日本の一番の問題です。アメリカ等は少年事件の犯人のお母さんが顔出しでインタビューを受けています。それでも別にそこに住めなくなることはないし，堂々と一人の人間として主張をしています。日本では当事者が声をあげることに対するバッシングは凄まじい。「親」が重大犯罪を犯したお子さんが，手記を出されたりメディアで発言されたりする例は若干あります。けれども私が『息子が人を殺しました』という本で書いた，お子さんが人を殺してしまったような一番加害者家族の中

でも追い詰められるような人たちの顔は見えてきません。

　そういう方たちが自ら声をあげられないから，私たちが代弁する意義も大きいとは思いますが，私はまずそういう問題を多くの人と共有していくことが大事だと思います。知らない人も責められないし，差別をしてしまうのも分からないではない。自分も支援をするまで知らなかったのであまり偉そうなことは言えないのですが，加害者家族の問題をタブーにせず，身近な人と語り合うことが大事だと思っています。

○**東本**　加害者側からの話になりますが，絶対に許される謝罪の方法を教えることはできないので，着地点としては，形も大事ですが，形だけではなくて事あるごとに，ああでもない，こうでもないとその被害者のこと，家族のことを思い出す時間を持つことを耐えられる体力をつけることに終始目を向けています。

　形にとらわれると，「ご冥福をお祈りする」というような作文を書く人が多いので，意味を聞きます。「ご冥福をお祈りしますってどういう意味ですか。冥福というのは冥土での幸福を祈るということで，私が知る限りきっと被害者の人たちは，この世で幸福になりたいと願っていたはずなのに，もしくはご家族であればあなたに幸福にしてほしいと思っていたのに違いないのに」とも言う。形にとらわれている自分たちの謝罪を，もう一度見直す機会を持たせるなど，新たに加害者の方が分かることがあるようにやっていかないと，どうしてもお互い形式にとらわれてしまうことになる。謝らせたい，決まった台詞が欲しいみたいな面接になって，よくないと思います。そういった意味では，私が両者の立場で話をする，加害者臨床という立場は，一見すると加害者に寄り添うみたいな形になりますけれども，そういう立場を取りつつ，でも被害者としたらどうなんだろうと，いつも二者の立場を私が，落語のようにと言うと変な表現ですが，いろいろな人となって話すことが，要所要所で必要かと思っています。そういった工夫から，無理なく加害者の方の気持ちに入っていけるところがあると思っています。

　加害者の方は，実はある状況の被害者となっていった結果，加害者になってしまったことが多い。少年院，特に女子少年院に行くことが多い

ので，加害者と被害者の両方の立場で話をした経験をもとに，その役割分担が1つのプログラムや臨床の中で無理なくできているので，それが今野先生が仰った信頼関係につながるのかもしれないですし，私自身がうまいこと，苦労なく進める鍵かとも思っています。

　また，私が被害者の話をしっかり語るというより，被害者法制度に詳しい先生に来ていただいて，幅広く被害者に関わる難しさを投げかけていただくこともあります。「被害者の方がどういうことが大事だと私に訴えることが多いと思う？」みたいな投げかけを加害者の方にしていただき，そのプログラムでは私は違う役割を担うというように，いろいろな役割分担や担当をします。プログラムのグループは1対1でやっているわけではなく，いろいろな先生と協力して各々の役割のもとにやっています。そういったチームが構築できる体制の中でプログラムは実施された方がいいというのは，知っておいてほしいと感じます。

○**駒場**　例えば月齢の低い，学童期，低学年とか小さいお子さんだと，事件があって云々がその子にとって重大ではなく，単純にパパに会えなくなっちゃったとか，お母さんがいなくなっちゃったという，会えないことがその子にとって一番の支援ポイントになります。自分が犯罪をするなんてあり得ないと思っている大人の想像する，加害者の子どもに起きる変化は，起きていないことがほとんどなので，大変でしょうという態度ありきで関わることは避けたいです。そのためにはやはり，その子の心の事実を大事にするのが一番だと思います。

　一方，府中の受刑者の人と関わってすごく印象に残っているのは，出て何が一番きつそうかという話で「戻った日の食卓です」と言われたことです。不登校やひきこもりの人の支援で家族面接すると出てくるテーマとかなり重なります。家族と顔を会わせて話をするのが怖い。そこは私たち専門家がタッチできるところも多いし，加害者の家族という看板に引っ張られなくて大丈夫とは知っておいてほしいと思います。

○**今野**　最近，コロナ感染と犯罪被害者，加害者は非常に似た構図だと思います。コロナに感染するのは，ある意味被害者になることです。ところが，その人たちが加害者扱いされてしまいます。被害者が加害者に

加害者が被害者にされてしまう背景には，差別意識があると思います。私は，被害者支援と加害者支援においては，自分の中の差別意識や偏見をしっかりと見つめ直すことが大事ではないかと思います。

フロアからの質問2

○**野口** 香川大学の野口と申します。加害者の家族がどれだけ大変な思いをするかという点と，もう1つ，加害者のその後のサポーターとして，家族という存在がとても重要になってくるという印象を持ちました。日本のように事件が起こったとき，世間的に家族がすごく責任を求められてしまう中，家族も加害者のせいで大変な思いをさせられたという気持ちも恐らく持つと思います。そういう経験をした家族に，どれだけ加害者の方の社会復帰や戻ってきた後をサポートしようという意識を持てるか難しいのではないかと思いました。加害者の方が社会復帰する段階にサポーターとしての役割を家族に期待していいのか，家族にとっては酷なのではないか，お話を伺いながらいろいろなジレンマに陥っていました。先生方のご経験の中で，加害者の方が社会復帰する段階の家族との関わりに関しての現在の実情をご存じであれば伺いたいと思います。

○**東本** 加害者の方はご家族の大きな支援がない限り，仮釈放にならないことがあります。どうしても帰住先を家族にしなければいけないことがあります。また，良好な関係だと思ってても，月1回の面接と手紙のやり取り上での良好さなので，実際に毎日一緒にいて，駒場先生が仰る通り本当にご飯のときに何を喋るのか，笑えるのか，さんまおいしいねと言えるのかみたいなことを想像していない人も結構多い。本来はもう少し施設が介入して，ご家族とのコミットみたいなところまで関われるといいと，成人施設では思います。少年施設は家族の方が来たときに，先生方も面接に立ち会って，少しその後のフォローもできたりすると思います。うまくいっているケースは，親御さんがまだいらっしゃって，ごきょうだいとは縁が切れていて，親御さんがいる限り面倒を見るという状態だと引き受けはできます。しかし，数年後また心配な状況になっ

てしまう。地域の支援につなげていくことを本人と話したり，観察所に話したりして連携をとっていく必要があります。長期受刑者だとうまくいかないケースも多いです。逆に早く出てきて働いてほしいという，家族として心のつながりというより，働き手としての収入源としての期待，負担をかけた詫びをしてほしいという感じで待っていることもあり，それが家族との関係の大きな柱になることもあります。元々ご家族との関係が悪いわけではないと，うまくいくケースも確かにあると思います。

性加害のケースは，あまりうまくいかない人がいます。特に配偶者の方が「事件」ではなく「浮気」という見方でしか性加害を捉えられていない場合，特にうまくいかない。ちゃんと加害があって，生活のステップの中で事件が起きたのだと踏まえてご相談されていると，うまくいくケースもあります。しかし実際には，こそこそした生活を強いられることのみ覚悟を決めておけばいいのだなどと，これから起こりうる事態への細かい判断を先に委ねているところがあります。メンタルがすごく弱っていなくても，加害者家族だと言わなくても，加害者が戻ってきたことで生じる問題について，家族が相談できる体制がないと，出所を受け入れる帰住先として大丈夫とは，本来言えないのではないかと思います。また，親御さんが商売をしていたり，親戚が自営をしていたり，就職先として引き受ける会社があると，スムーズにいくケースは何件も知っています。

○阿部　そもそも家族が引き受ける義務がないことを説明した上で，家族に選択肢を与えることが大事だと思います。日本社会で生きている以上，家族が引き受けなかったら悪い人間なのではという「世間体」がありますが，人の本音が出るのは家庭なので，嫌々引き受けてもまた同じことが起こるし，実際起こっています。「共依存」というか，家族が面倒を見ることが役割になってしまい，悪循環がなかなか断ち切れない。本人が本当はどうしたいのかの結論は，焦らなくていいですよとは言います。ただ出所間際になって，どうしようと相談される家族もいます。逮捕の段階から支援していけば，いろいろなステージでいろいろな介入ができます。出所に関しての支援の存在を知らない人もいる。土壇場で

どうしよう不安なんだ，実は眠れないといった相談が来ることも少なくありません。受刑者を支援してくれる団体があるので，代わりに引き受けをお願いするなど，繋げられる団体を増やしていきたいと思っています。そこに行くから家族と別れるわけではなく，まずはそういうところにお世話になって，その中で変化が生まれたら，また一緒になることもできると思うのです。そういう選択肢を社会でつくっていく。国は環境調整のとき，親がいない子どもは必死に受け入れ先を探してくれます。でも，家族がいるとすべて家族に投げられる。ここを国も家族ありきではなく，選択肢を広めてあげると，お互い本音の決定ができ，無理なく再犯も減っていくのではないかと思います。

○**東本**　阿部先生のお話を受けて，私は，帰住可だったのに，ちょっと状況が変わって帰住不可になったと，プログラム中にブチ切れる人もいたので，選択肢は家族にもあり，その状況は変化することがあるとは伝えています。ときに問題に直面化させる，事実を直球で伝えることもあります。帰らない方がいいという選択肢もあることが，これからの社会生活にはあると話し合って，次につなげなくてはいけないと思います。施設はどこかで家族を探すことに夢中になって，その先の再犯防止という所まで行けない。帰住地探しありきになってしまっているところが課題だと感じます。

○**駒場**　家族がサポートをしていく枠組みは，例えば不登校の子どもを家族で支えるように，みんなが面接の場に来て協力するモチベーションがあると確認できる状況が理想です。しかし，たくさんのケースに会って犯罪が起きる重大な要因が，家族の中で培われてきた，つくられてしまった悪循環はかなりあると思います。家に帰らない選択について，あなたにとってどういうことが自立することなのかを話すことが大事で，家族という同じ名字の人たちの集まりに戻った方がいい，そういう人から手紙が来るのが幸せなのだ，よかったね面会に来てくれてみたいな一般的な幸せの概念で終わらせてしまうと，予後が悪い感じがします。家で何の話をするのか，言いたいことが言えるのか，先ほどの最初の日の食卓を恐れていた人には，手紙でその気持ちを書こう，家族の関係調整

を施設にいるときからやっていこうと，機会があると言ったりしました。

指定討論者へ話題提供者からの返答

○阿部　社会的な啓発活動の難しさをご指摘いただきました。私の偏見なのでしょうけれど，加害者家族の支援をやりますという段階で，共感が来るとは全く思っていませんでした。世間の反応がいいはずがないという前提で，加害者家族にどうやったら情報を届けられるかやってきたので，啓発活動がうまくいくもいかないも感じていませんでした。世の中に加害者家族という存在を位置づけていくのは，支援を始めた者として私たちの役割ですが，加害者家族も私たちが伝えられないところを伝えてほしいと思います。インターネットでは悪の存在みたいに言われているけれども，実際はそうではないとか，報道ではこんなふうに言われているけれども本当はそうではないとか，そういうことを伝えてほしい。今までは見えない悪者みたいな存在だったけれども，一人の人間として，こんなふうに悩んでいる，そんな自分の被害性だけではなくて，虐待をしてしまったことがあっても，背景にはどんなことがあったか，そういうことを伝えてほしいし，私たちも伝えていきたい。チャンスがあるのならば，加害者家族のストーリーも，いろいろな事件報道の中にできるだけ割り込んで入れていくことに今は努めています。

○東本　1回しか介入できないとか，私が継続して行わない，たまにしか入らないプログラムもあるのですけれども，信頼関係を築く努力に必死になることは少ないです。いろいろな立場に立って言うこと，想像で言わないようにすること，ときに問題に直面化をさせる，直球で話すことなどで，ちょっとした信頼に値する人と加害者の方に思ってもらえるのかもしれません。あとは施設外の存在であるという時点で，制服を着ている先生よりは俄然有利です。私服で一般の社会の人との間の社会で生きていそうな感じがするだけでも，一気に興味を持ってもらえるところがあります。加害者の人が社会にいたときは近い人だったけれども，今はちょっと離れてしまった人が来てくれていると感じているかもしれ

ません。反面，私も十何年刑務所に通っているので，刑務所のことに詳しいとも伝えています。加害者の方が刑務所内の作業工場について文句を言ってもまずは聴きます。一般社会のことを話すときは「娑婆」とか言わず「社会」という言葉を使いますが，刑務所内の話をするときは彼らの隠語をちょっと口にしたりすると，彼らの言葉で言う「おやじ」の悪口も言える，ひいては何か話してもいいとなるのかと思います。

　施設のプログラムでは感想文を書かなくてはいけませんが，そこに人として扱ってもらった半年間だったとか，笑ったり，泣いたり，喜んだり，文句を言ったりするのを，こんなに共有できたとすごく感謝をしている言葉がありました。彼らが人として扱われた，安全で安心な中ですごく真剣に考えたことにつながっていると思います。信頼関係が深まったとは感じていないかもしれないけれども，時間を共有したとは感じてくれていると思います。最初はプログラムを受けるとき，その部屋が涼しいとか温かいというレベルの参加へのモチベーションだけで十分だと言っていますが，そのうち変化へのモチベーションにつながり，変化した自分を維持したい，ここで築けたこと，気づいたことを手放したくないというふうになってもらえたらと思っています。そのため特に何かをしている感じもないのですけれども，そういった願いはじわじわと伝わり，信頼関係にもつながっているのかと感じています。

○**駒場**　今の東本先生の話を聞きながら，今日私は府中刑務所に行っていたので，セッションでやくざっぽい人に，自分の人生にどう落とし前をつけるのかという話をしたなというのを，思い出してしまいました。

　子どものケースでお答えすると，いい傾向だと思うときは，犯罪に関係ない話題がたくさん出てくるようになります。その年齢相応の悩みが出てきます。そういうふうに進んでいくものなのだと思います。

　もう1つは時間で，少し出来事と距離が取れるようになると，今回のケースでも父からもらった良きものも，あなたの中にはあるだろうと，そういう話になります。関係性は，最初から秘密を共有している2人組なので，かなりやりやすいところはありました。

○**若島**　本日はありがとうございました。シンポジウムを閉幕します。

I

司法・犯罪分野に生かす
個と家族を支える実践

司法・犯罪分野における個と家族支援における今日的課題

藤 田 博 康

今日，司法・犯罪分野においても他領域と同様にエビデンス・ベーストの心理支援が重要視されている。その立場から，私たち人間が犯罪をどうして犯してしまうのかといった原因論，犯罪を犯しやすいパーソナリティー・認知・行動特性等についての知見，犯罪・非行者の矯正教育や治療支援に関する理論や手法等を踏まえた実践が，司法・犯罪関連機関において行われている。

本稿では，まず，1) そのような犯罪・非行の保護・矯正領域における現代的な支援アプローチの実際を概説し，わが国における今日的な課題についても触れ，2) その課題を踏まえて，犯罪・非行者への心理支援のパラドクスという古くて新しい問題について論じ，3) 現代的なエビデンス・ベーストの心理支援を補完するさらなる可能性について考えてみたい。

現代における犯罪・非行者への支援アプローチ

時代を問わず，犯罪・非行者への心理支援に求められるニーズは，再犯の防止であり，犯罪・非行性の矯正であり，対象者の「立ち直り」である。原則として，矯正・保護を担うのは公的機関であり，現代はその

効果や有効性が示されることへの要請が高まっている。そのため，昨今，わが国においても実証的エビデンスを踏まえた処遇実践への動きが加速化されている。

　犯罪者・非行者へのアセスメントや処遇教育に対する代表的な理論モデルの１つがRNRモデルである。鍛冶によれば，リスク原則（Risk Principle），ニード原則（Need Principle），反応性原則（Responsivity Principle）の三原則によって構成されるこのモデルにより，受刑者の再犯が低減することが複数の研究により実証されており，わが国の矯正・保護にも強い影響を及ぼしている。リスク原則とは，個々の犯罪者の再犯リスクを予測し，再犯リスクが高い者に強力な矯正処遇を行うなど，限られた人的・物的支援の効果的な投入を行うというものである。ニード原則とは，犯罪者には再犯との直接的な関連がある犯因性ニーズや，間接的な関連の非犯因性ニーズなどのさまざまなニーズがあり，再犯を抑制するにはそれらを明らかにし，犯因性ニーズ，とりわけ，今後の介入により変化が生じる可能性がある「動的リスク要因」を変化させる必要がある。反応性原則とは，個々の犯罪者に合わせて，もっとも効果を引き出しやすい方法で処遇を実施する必要があるというもので，普遍的に効果が高いとされる介入方法を用いて，認知・感情・行動の変容を目指す一般的反応性原則と，個々の特性に応じた治療方略や指導法を合わせる個別的反応性原則に区別される（鍛冶，2020）。

　また，「セントラルエイト」と呼ばれる犯罪危険因子の特定も，エビデンス・ベーストのアプローチに貢献している。具体的には，①犯罪歴（効果量0.25），②反社会的交友関係（0.28），③反社会的認知（0.27），④反社会的パーソナリティー（0.25），⑤家庭内の問題（0.18），⑥教育・職業上の問題（0.18），⑦教育・職業上の問題（0.18），⑧（建設的な）余暇活動（のなさ）（0.21）という８つのリスク要因である（Bonta & Andrews, 2016）。先のニーズ原則を踏まえると，今後の変化の余地がない「犯罪歴」は「静的リスク要因」であり，それ以外は介入支援のターゲットとなる「動的リスク要因」に分類される。

わが国の現況

いずれにせよ，RNR モデルに則った処遇支援を実施するためには，対象者のリスク，ニーズ，反応性等を正確にアセスメントする必要がある。現在，わが国においても，そのためのリスクアセスメントツールが開発され，個々の犯罪・非行者に合わせた最適な介入方法を策定するために活用されている。

例えば，鍛冶によると，「受刑者用一般リスクアセスメントツール（G ツール）」は，刑事施設において，男女別に十数項目の静的リスク要因を用いて，受刑者が出所後 2 年以内に再犯をする確率を再犯リスクとして数値化し，犯罪傾向の進度の判定と処遇施設の選択，矯正処遇の目標や内容等の設定，薬物依存離脱指導・アルコール依存回復プログラム・暴力防止プログラムなどの特別改善指導プログラムなどの対象者の選定などに活用されている。この G ツールは，動的リスク要因等をも反映させるために現在も開発が継続中である。また，「法務省式ケースアセスメントツール（MJCA）」は，少年鑑別所における実証的なデータにもとづく再非行の危険性の予測や，少年院での教育による変化の把握を統一的な手法により実施するためのツールであり，静的リスク領域と動的リスク領域双方の下位項目によって構成されている。関連して，性非行に特化したバージョンである MJCA（S）も開発，運用されている。再犯防止の推進は，当然，地域社会に戻った犯罪・非行者への更生保護においても重要な要請であり，保護観察所においても，再犯防止のためのより効果的な指導・支援を行うためのアセスメントツール CFP を開発中である（鍛冶，2020）。

現状としては，このようなアセスメントツールにより個別の処遇計画が立てられ，主として認知行動療法にもとづく心理教育的なプログラムが実施されている。野村によれば，特に，「依存症」関連の行動を招きやすい危険な状況を避け，再犯を未然に防ぐことを目的としたリラプス・プリベンションアプローチ（Marlatt & Donovan, 2005）がそのモ

デルとされており，アンガーマネジメントやアサーショントレーニング，マインドフルネスなどの技法を組み合わせて実施されることも多い。とりわけ，再犯防止への社会的な要請が強い，性犯罪や薬物犯罪などに関しては重点的，積極的に運用されている（野村，2020）。

今日的な課題

以上，昨今，わが国においても実証研究の成果を踏まえたリスクアセスメント手法や介入支援法が導入され実践されていることを述べた。当然，その目的は再犯の防止であるが，わが国の現状としては，犯罪総数は大きく減ってきているものの，実のところ再犯者の割合は一貫して増加してきており，2018年には検挙刑法犯の約半数が再犯者で占められている（法務省，2019a）。

また，刑務所での矯正処遇を経て仮釈放された者の約3割が刑務所に再入しており（法務省，2019b），少年院出院者の2割強が5年以内に再び少年院または刑務所に入所している（法務省，2018）といった事実もある。それらの数値はあくまでも矯正施設への再入所の割合であり，それ以外の再犯者を含めるとさらに高い再犯率になる。

この課題への対策としては，1つには，再犯率や再犯者の分析や処遇の効果検証をより科学的に行い，リスクアセスメントの精度や処遇プログラムの有効性をさらに高めていくという現在の流れを推し進めていくことによって解決できる可能性があるだろう。

本稿では，犯罪・非行領域における心理支援，心理臨床のパラドクスという，また別の角度からこの問題について論じてみたい。

犯罪・非行領域における心理支援のパラドクス

犯罪・非行領域における心理支援の目的は，社会防衛のために私たち人間が為す「犯罪」（＝「悪」）を矯正，治療することである。しかし，人祖アダムとイブが神の禁（＝罪）を犯しエデンの園を追放されて始

まったともされる有史以来，「犯罪」が存在しない時代はない。「悪」の排除，根絶は人類の理想であるが，それが実現された社会は皆無である。実は，「悪」は私たちの本能的自然の内に深く根ざしており，私たちをひそかに誘惑するものであり（中村，1994），「悪」と名付けたい傾向を「人間の心」が持っていることは認めざるを得ない（河合，1997）。

　努力なしに快楽を得ようとする傾向，安逸への傾向は，人類自身と同じくらい古いものであり，動物同様人間においてもその主要にして根本的な原動力は利己主義，すなわち生存と快適への衝動である（Wuketits, 1999）。例えば，欲しいものを手に入れたいという思いは等しく誰にでも湧くし，自分の嫌なもの気に入らないものを攻撃したい破壊したいという思いも同様であろう。すなわち，「悪」は皆が心惹かれるものであり，人知れず欲していることでもある。それをそのまま放置しておけば共同体が成り立たなくなる恐れがあるからこそ，人為的に「法律」によって禁じられた行為が「犯罪」であると考えられる。

　つまり，「悪」とは絶対的なものではなく相対性なものであり，それは殺人すら例外ではない。戦時下や民族紛争下では敵を殺すこと，迫害することが「善」で，そうしないことが「悪」であり処罰されるといった歴史が世界中で繰り返されてきている。

心理支援と個の尊重

　他方，心理支援が目指すものは個の尊重，その人らしさや本来の人間性を生かしての個性化や自己実現である。したがって，私たちの本能的自然に根ざしている「悪」の単なる矯正や排除という発想だけでは成り立たない。その意味で，「社会悪」を扱う犯罪・非行領域における「心理支援」は，本質的にパラドクスを内包する。したがって，この領域の「心理支援」においては，そのパラドクスをよく踏まえたうえで，個の自己実現や個性化と，社会適応・現実適応を両立させていくという困難な課題に取り組む必要がある（藤田，2010）。これは，古くて新しい今日的な課題でもある。本来，私たちは「悪」に惹かれることが自然であ

り，それに伴う心理支援のパラドクスを踏まえることで，より一層，個々の再犯を抑えられる可能性が見いだせよう。

パラドクスを踏まえた非行犯罪理論

そのためには，「悪」の相対性やそこに必然的に伴う心理支援のパラドクスを踏まえた理論の数々が参考になるだろう。

犯罪・非行領域に関しては歴史的に見て，原因論にしても処遇論にしても，「悪魔に取りつかれた邪悪な人間」（Sutherland, 1924），「進化の過程に取り残された生まれつきの欠陥を持つ『生来性犯罪人』」（Lombroso, 1876）などから始まり，現在の認知行動変容関連アプローチによる「誤った学習行動」，「誤った認知」，「矯正すべきパーソナリティー」などのとらえ方に至るまで，そのニュアンスや実証性に大きく違いはあれど，「犯罪・非行」はすなわち「悪」であり「異常」であるとする見方が主流であった。集団で暮らさざるを得ない私たち人間は共同体生活を守るために，それを乱す事柄に対しての社会的防衛が不可欠だからというのがその大きな理由であろう。

他方，歴史上おそらく初めて，精神分析派は「悪」を異端視することなく，どんな人間にも「悪」が潜在するとみなし，犯罪をある種の生育歴と心理力動が重なれば誰にでも起こるものとしてとらえ，犯罪・非行者への人道的処遇の道筋を開いた（Ellenberger, 1965）。それは，犯罪者を私たちとはかけ離れた異常な存在として対象化するといった視座から，私たちも「悪」に惹かれ，「悪」に赴く本能的衝動を持ち，条件が重なれば誰もが犯罪者になり得るといった，共感的な心理支援への架け橋となった。

例えば，精神分析から派生した「関係療法」（Taft, 1933）は，個人内の心的構造や心理力動を超えて，クライエントの人間性に内在する尊厳性を深く信頼し，セラピストとクライエントの温かい情動的関係を重視し，当時，非行少年の治療援助に大きな成果を挙げた。この関係療法派による援助姿勢は，当時，児童相談所で非行の子どもたちへの心理援助

に従事していた C. ロジャーズに強い影響を与え，後の来談者中心療法や人間中心療法として結実していった。ロジャーズはその後，犯罪や非行の臨床からは離れたが，その流れを汲んだ「動機付け面接」は，現代における犯罪・非行者に対する有効とされる支援理論となっている。

　また，ヒーリー（Hearly & Bronner, 1936）は，徹底した非行臨床の事例研究をもとに，愛情欲求の阻止や妨げ，親の不和，家族の問題，劣等感，不幸感，心理的葛藤による混乱などの「情動障害」の苦しみを，何らかのかたちで克服して自我が生きのびようとする子どもたちの試み，つまり自己実現の形を変えた表現こそが「非行」であるとみなし，非行者の精神的葛藤や情緒的苦悩を共感的に理解する心理的アプローチが不可欠であるとした。合わせて非行者の語りを重視し，心の内を語れるようになるための共感的な治療者・クライエント関係を築ける能力やスキルを，非行心理臨床における重要な専門性と位置付けた。

　対象関係論派のウィニコットは，反社会的傾向があるところには真の剥奪があり，剥奪された子どもの基本的特徴は希望の喪失であるとした。そのうえで，反社会的行動は希望の表現であり，子どもが自分の状況を外傷前の状態に戻そうとする試みとみなし，適切な治療は治療者が子どもの希望の瞬間をとらえ，それに合わせるようにすることであると述べた（Winnicott, 1956）。

　また，その流れとは独立して T. ハーシーは社会学的見地から，本来，人は犯罪を行う性行を有しているという前提に立ち（Hirschi, 1969），人がその本来の欲望のままに行動しない，つまり犯罪を犯さないのは，いわば家族やコミュニティーとの「絆（社会的絆）」によるものであり，その絆が弱い場合に私たちは「悪」を犯してしまうのだとした。

　非行や犯罪にかかわる「古典的」とも言えるこれらの視点は，「愛着障害」や「トラウマ」に由来する犯罪・非行，家族関係の要因，そして，支援者と被支援者の関係性や相手の語り・ナラティブの重視といった，どれも現代における重要なテーマに直結する。これらのことから，再犯を繰り返すような非行・犯罪者に対しての心理支援の要諦として，1）いわばさまざまな「情動障害」を背景として，内なる悪を抑えられず，犯

罪を為してしまう者への共感的視座，2）特に愛着障害や家族関係に由来する心的外傷に類する体験をケアするためのアプローチ，等が見えてくるだろう。

共感的視座

共感的視座に立つには，他の心理支援領域と同様に，「無条件の肯定的関心」「自己一致」「共感的態度」等のロジャーズが提唱した心理支援者としての基本的態度が大切にはなるだろう。ただし，「社会悪」を為し，他者への信頼が乏しい傾向にある犯罪・非行者に対して，「無条件の肯定的関心」を持つことや，純粋に「自己一致」することは，とりわけ困難なことでもある。

したがって，生育歴上の外傷的体験等が，十分意識されることなく私たちの態度や行動に悪影響を及ぼしてしまう機序や，慢性的なストレスのもとでの認知・感情・行動がどのように相互連鎖して「悪」の一線を踏み越えてしまうのかに関する知見などが，対象者を共感的に理解するための大きな助けとなるだろう。さらには，自身にも潜む内なる「悪」をも自覚しながら，対象者の「悪」やそのありようにどう向き合っていくか，いわゆる転移・逆転移関係などとも称されうる自身の心のプロセスを欺瞞なく受け止め，相手の支援に生かせるような能力やトレーニングが求められる。

愛着障害や外傷的体験へのアプローチ

愛着障害やそれに関連するトラウマのケアに関しては，まずは，愛着の不全による苦しみ等が，容易に犯罪や非行行動を導いてしまう「からくり」や意味を共有することが第一歩である。それなくしては，対象者の動機づけはもちろん，協働的な取り組みも難しいだろう。

例えば，愛着障害の子どもには，反抗的，挑戦的，騒動的，破壊的，攻撃的，虚言や盗癖，自己破壊的，虐待的等の行動面や，強い怒り，不

機嫌，恐れと不安，苛立ち，無力感，抑うつ，共感性や向社会的価値観の欠如，悪や人生の暗部への同一化の情緒や認知面の特徴があるとされる（Levy, 1999）。これらの行動や態度が，まさに犯罪や非行に直結することは言うまでもない。

　しかし，よく考えて見れば，それらはすべて本来私たち人間が幸せに生きる上での基盤となる「母なるもの」との「心の絆」，「愛着」の満たされなさ故の，底知れぬ不安，苦しみ，虚無感，怖れなどをどうにかしようとする，ともすれば「自然な」対処行動である。満たそうにも満たされないものをなんとか埋め合わそうとすれば，食べ物やモノやお金に執着して盗みを繰り返したり，アルコールや薬物，ゲーム，ギャンブル，性的関係などに依存するようにもなるだろう。払拭されることのない不安，苦しい情動，空虚感，自分を受け入れられない苦痛をなんとかしようとすれば，自傷や他害行動，落ち着きのなさ，苛立ち，不機嫌，怒り，暴力，いじめ，いやがらせ，破壊的行為などにつながるだろう。さらには，甘えや依存の関係への渇望と，逆の近しい関係における外傷体験は，他者からのケアや関心により甘えや依存心などが刺激されると，ひどくバランスの悪い態度や行動に出てしまい，心ある周囲の者はそれを持て余し，本人はさらに傷つくという悪循環に陥るだろう。そして，生育歴上，これらが絡み合って複雑・難治化し，いわゆる共感性や向社会的価値観が欠けていき，恵まれない境遇にある自分の当然の権利として，あるいは運命への挑戦反抗の証として，他害や反社会的行動を繰り返すようになる深刻な「破壊的権利付与（Destructive Entitlement）」（Boszormenyi-Nagy & Kranser, 1986）の状態に陥ってしまうのも十分に理解できるだろう。

　支援者は以上のような共感的理解を踏まえて，対象者の一人ひとりが，愛着の不全や外傷を抱えて生きていくうえで，どんなことが少しでも助けとなるかを真摯に考えていくことが必要だろう。とりわけ，人はたとえ愛着や近しい人との絆に恵まれていなくても，自分で自分を幸せにできる（藤田，2020）といった実感や希望を，支援する側もされる側も持てるかどうかが鍵になるだろう。事実，生い立ちの不遇を乗り越えて，

社会的に意義のある人生を送っている人たちも少なくない。

犯罪・非行領域における個と家族への支援

　最後に家族へのアプローチも含めた統合的な支援について触れ，論を
閉じたい。私たちの性格や生き方をかたちづくる家族の要因を踏まえる
ことはどんな領域の心理支援であっても不可欠だが，犯罪・非行領域に
おいてはなおさらである。しかし，矯正・保護の実践現場においては，
家族関係のアセスメントや家族への介入支援があまり重視されていると
は言いがたい。個人を犯罪・非行に走らせない最大の「絆」である家族
の機能がどう弱体化し，あるいはどう改善されうるのかに関する家族療
法の実践知を是非とも積極的に活用したい。
　例えば，愛着障害や虐待などといった不適切な親子関係が世代を超え
て悪影響を及ぼし続け，結果として個人の自己分化が低いままにとどま
り，「破壊的権利付与」を抱いてしまうなどといった多世代派家族療法
の観点はまさに，犯罪や非行のメカニズムを理解する大きな助けとなる
であろう。夫婦間の葛藤や別居，離婚などの夫婦連合のほころび，その
反動としての親子の密着や疎遠・断絶，祖父母世代との葛藤や軋轢など，
構造派家族療法が重視する家族システムの不全が，犯罪や非行の要因に
なっているケースも多い。また，ある問題や不調への対処行動や解決努
力が，かえって逆にその問題や不調をこじらせ悪化させてしまい，犯罪
や非行に至らしめてしまうというコミュニケーション派家族療法の視点
も有用だろう。さらには，家族を超えたコミュニティーなどのより大き
な関係性システムや，個人・家族・コミュニティー・社会といった多次
元的なシステムへの効果的な介入に関しても，家族システム療法の知見
がおおいに参考になるだろう。

おわりに

　本稿では，犯罪・非行領域における現代的な動向および今日的な課題

を踏まえて，犯罪・非行者への心理支援のパラドクスという古くて新しい問題について論じ，改めて，「共感的理解」に努めながら，愛着やトラウマの問題や家族関係などにアプローチしていくことの意義について述べた。

　もっとも，最近では，犯罪・非行者のネガティブな側面だけではなく，ポジティブな側面に着目するグッド・ライブズモデルやストレングズ・モデルなどへの関心も高まってきており，家族や関係者が本人と良好な関係でかかわるためのアプローチプログラム（例えば，吉田・ASK（アルコール薬物問題全国市民協会），2014など）も徐々に広まってきている。いずれ，どんな心理支援にも適・不適があり，個々の対象者の特性や状況に応じて何が有効な支援になるのか，そうではないのかを統合的観点から実証していくことが求められよう。

文　献

Bonta, J. & Andrews, D. A.　2016　*The pycholosy of criminal conduct 6th Edition*. Elsevier.〔原田隆之（訳）　2018　犯罪行動の心理学〔原著第 6 版〕．北大路書房.〕

Boszormenyi-Nagy, I. & Kranser, B. R.　1986　*Between give and take : A clinical guide to contextual therapy*. Brunner/mazel.

Ellenberger, H.　1965　犯罪学の過去と現在．中井久夫（編訳）　2000　エランベルジェ著作集 3　精神医学／犯罪学／被害者学―西欧と非西欧．みすず書房.

藤田博康　2020　幸せに生きるためのカウンセリングの知恵―親子の苦しみ，家族の癒し．金子書房.

藤田博康　2010　非行・子ども・家族との心理臨床―援助的な臨床実践を目指して．誠信書房.

Hearly, W. & Bronner, A. F.　1936　*New light on delinquency and its treatment*. Yale University Press : New Haven.〔樋口幸吉（訳）　1956　少年非行．みすず書房.〕

Hirschi, T.　1969　*Causes of delinquency*. University of California Press : Berkley.〔森田洋司・清水新二（監訳）　2010　非行の原因―家庭・学校・社会へのつながりを求めて．文化書房博文社.〕

法務省　2019a　令和元年版　犯罪白書.

法務省　2019b　検察統計2018年版.

法務省　2018　平成30年度版　犯罪白書.

鍛治龍男　2020　犯罪者と犯罪性のアセスメント―再犯の可能性を予測する.
　門本　泉（編著）　司法・犯罪心理学―社会と個人の安全と共生をめざす.
　ミネルヴァ書房.

河合隼雄　1997　子どもと悪.　岩波書店.

Levy, T. M.　1999　*Handbook of attachment interventions*. Elsevier.

Lombroso, C.　1876　*L'uomo delinquente*. Torin.

Marlatt, G. A. & Donovan, D. M.　2005　*Relapse prevention : Maintenance strategies in the treatment of addictive behaviors*. Guilford Press.〔原田隆之（訳）　2011　リラプス・プリベンション―依存症の新しい治療.　日本評論社.〕

中村雄二郎　1994　悪の哲学ノート.　岩波書店.

野村和孝　2020　行動変容―嗜癖,依存への心理学的アプローチ.　門本　泉（編著）　司法・犯罪心理学―社会と個人の安全と共生をめざす.　ミネルヴァ書房.

Sutherland, E. H.　1924　*Criminology*. Lippincott.

Taft, J.　1933　*The dynamics of therapy in a controlled relationship*. Macmillan.

吉田精次・ASK（アルコール薬物問題全国市民協会）　2014　CRAFT―アルコール・薬物・ギャンブルで悩む家族のための7つの対処法.　アスク・ヒューマン・ケア.

Winnicott, D. W.　1956　*The antisocial tendency*. Tavistoc.

Wuketits, F. M.　1999　*Die Selbstzerstörung der Natur. Evolution und die Abgründe des Lebens*. Patmos : Düsseldorf.〔入江重吉・寺井俊正（訳）　2002　人はなぜ悪にひかれるのか―悪の本性とモラルの幻想.　新思索社.〕

司法・犯罪分野における
臨床的関与の特異性

廣 井 亮 一

はじめに

2007年当時の検事総長が,「紛争のすべてが裁判所に持ち出されることを前提に準備しなければならない」(但木, 2009) と述べ, 日本に本格的な法化社会 (Legalized society) の到来を告げた。個の問題としての非行・犯罪はもとより, 家族での虐待, 学校でのいじめ, 職場でのハラスメント, 男女関係のストーカー等の諸問題は, すでに法の網によって補足されている。

そうした状況において, 私たちは法に無関係で心理臨床, 福祉支援に携わることはできない。その意味で, 司法と絡む犯罪・非行臨床の特異性, 関係の歪みとしての家族の問題における法の意味について確認しておくことは重要であろう。

1 司法における犯罪・非行臨床の特異性

1)「犯罪」と「非行」

「犯罪」(crime) とは, 法によって刑罰が規定された違法行為である。逆に言えば, 刑罰が規定されていない行為は犯罪ではない。この同語反復的な定義は,「犯罪」という概念自体が法によって立ち上がるという

自明性を示すものである。したがって，犯罪に携わる際に法を切り離して関与することはできない。また，犯罪が法律上成立するためには，行為者に責任能力があることが重要な要件になる。

　一方，「非行」（delinquency）とは，14歳以上20歳未満の少年がなした犯罪行為，14歳未満の少年で刑罰法令に触れる行為をした触法行為，20歳未満の少年で将来罪を犯しまたは刑罰法令に触れる行為をするおそれがある虞犯行為をいう。つまり，非行とは，少年の犯罪，触法，虞犯を包括する概念であり，少年法の対象になる。このことは成人の犯罪に対する刑罰と，非行のある少年に対する保護・健全育成との違いを明確にするために重要なことである。

　犯罪少年を14歳以上，触法少年を14歳未満と区別しているのは，刑事責任が発生する年齢を14歳以上としているからである。なぜ，14歳以上なのかについて，発達心理学によれば，人格が統合される年齢を14歳以上だとしているからだ。したがって，人格が統合された一人の人間の行為には責任が生じる。人格形成の観点から法的責任論につながるということからすれば，2020年10月に法制審議会が答申した18，19歳の厳罰化についても，18歳という年齢の人格形成をどう見るかという議論が十分になされる必要がある。

　犯罪少年には刑事責任があるため成人と同じ法律が適用され，警察の手続きで逮捕や勾留も行える。そして司法のルートで更生の援助を行い，矯正教育のために少年院に送致することもできる。

　14歳未満の触法少年には刑事責任を問えないため，犯罪行為ではなく「刑罰法令に触れる行為」と表現する。たとえば，2004年に起きた小6同級生刺殺事件の11歳の加害女児に殺人罪は適用できない。その加害女児は殺人という刑罰法令に触れる行為をした触法少年として，児童自立支援施設で福祉のルートでケアした。

2）　非行臨床の特異性

　少年司法を規定する少年法は，年齢差に基づく刑法の特別法として位置づけられている。刑事司法の基本的な目的は犯罪に対する国家の刑罰

権の行使であり，その司法観は応報的刑罰である。すると，少年司法システムは，応報を基調とする刑事司法システムの土台に建てられた，少年の更生と健全育成のための構築物にたとえることができる（図1）。そのため，非行少年の更生を期すための少年司法にも犯罪者に対する応報や隔離を原理とする刑事司法的な色彩が及びかねない。このことが非行臨床の大きな特徴であり，その展開においてはさまざまな課題を内包している。

図1　少年司法における非行臨床（廣井，2011）

　少年司法システムにおける刑事司法的側面をあえて強調するのは，非行臨床とはこのような特異な構造で展開される臨床的関与であることを明確に認識しておかなければ，「少年の立ち直りのため」というレトリックで懲罰的対応に陥ってしまう危険性や短絡的な厳罰化の論議につながるからである。少年司法における非行臨床はそうしたシステムで行われる臨床的関与である。

3）　法の作用―非行行動への初期介入
(1)　激しい行動化の阻止
　多くの非行少年は，内に抱える激しい攻撃性，不安，葛藤などから自らを防衛するために非行という問題行動を起こす。それ故，非行少年の対応で困難なことの1つは，非行行動を抑えようとすればするほど，非行が繰り返されて徐々に過激になってしまうことである。このような非行の悪循環に対して，阻止，禁止という介入が必要になる。その点，非行はそれ自体が法と連動したものであるから，非行少年の行動化に対しては，法に基づく，警告，逮捕などの強制的措置の執行で保護すること

ができる。

⑵ 問題行動の集団性への対応

非行少年の問題行動が集団性，共同性を帯びやすいということが，成人の犯罪に比して少年非行の特徴として指摘される。特に，最近の非行集団の形態は，少年たち一人ひとりの位置と役割が明確ではなく，自他未分化で絡み合った集団であることが特徴である。ひと昔前のリーダーを中心に組織化された集団から，たまたま出会う少年同士でたむろする小集団へと変化している。そのような集団性を帯び易い少年非行に対処するためには，法の強制力で非行仲間との関係を遮断したり，不良集団を解体したりすることが必要になる。

⑶ 改善意欲の乏しさへの対処

非行少年が問題行動を自らが改善しようとする意欲を初めから持つことは少ない。当然，彼らも困難さや息苦しさを潜ませているが，それを自覚して援助を求めようとはせず，逆に過激な反抗や問題行動を繰り返すという態度を示しやすい。法は，そうした非行少年に更生に向けたプログラムの実行を命令することができる。保護観察など在宅処遇に決定された非行少年が援助者の指導に訪れるのは，指導を受けなければ再び家庭裁判所の審判に付されるという法の強制力によるところが大きい。

以上のような阻止，禁止，強制，命令という法の作用は，心理臨床やケースワークなどの援助関係においては忌避される権力的対応に過ぎないようにみなされることが多いが，非行という問題行動への初期介入として極めて重要になるのである。

4） 臨床の作用―「人」の復権

それでは，法的アプローチだけで非行問題を解決することができるかといえば，もちろんそれだけでは非行少年の更生にはつながらない。逆に，少年たちは，法が示す規範，罰を背後にした阻止，禁止，強制，命令に対して，反発や反抗をしたり表面を取り繕って卑屈な態度をとったりして再犯に陥ることが多くなる。

(1) 少年司法における「人」の復権

そうした非行少年たちの反作用に臨床的機能が対処する。また，法によって一旦断ち切られた，少年と友人との関係を修復したり，家族関係の歪みを調整したりすることができる。このような，「人」や「人との関係」へのアプローチに臨床的機能の効果が発揮される。

少年司法に臨床の作用を導入することの重要性は，「総体としての生身の少年」を蘇らせることにある。少年事件の法的手続きで言えば，家庭裁判所に送致される「法律記録」の作成過程では，少年の行為が犯罪に関する事実に焦点化され，法的観点からの構成がなされる。有り体にいえば，少年のワルの部分に焦点化するのである。その結果，少年の生活全体，少年を取り巻くさまざまな人間関係など，「生身の少年」の大半が削ぎ落とされてしまうことになる。

家裁調査官としての経験では，供述調書や司法警察員，検察官の意見からイメージされる少年像と実際に向き合ってみる少年はかなり違っていた。法律記録に描き出された非行少年と総体としての生身の少年のギャップである。少年事件では，そのギャップをもとに「なぜ，この少年がこのような犯罪を起こしたのか」という，一連の司法過程で削ぎ落とされた少年の生身の部分をすくい上げる作業から出発する。

(2) 刑事司法における「人」の復権

刑事裁判の争点は，被告人の犯罪行為に焦点化して，有罪無罪の認定と有罪であれば量刑を決定することである。このような刑事裁判における行為主義は，保安処分的な人権の侵害を防止するという法の原則に沿うものである。

ところがその結果，犯罪行為をなした加害者の「人」としての総体，さまざまな他者との関係及びそれに伴う感情や意味づけなど，人間学的な側面が削ぎ落とされてしまうことになる。加害者を司法の俎上に載せ，裁きの対象にするためには，加害者を法的部分に還元して「被告人」にしなければならないからである。

司法・裁判の公正さの象徴である「正義の女神テミス」の目隠し像に象徴されるように，刑事裁判では加害者の生身の人間を視野に入れるこ

とはしない。刑事裁判で裁判官，検察官，弁護人が見ているのは，法で構成された被告人としての一面に過ぎない。法曹三者が見ている諸部分を継ぎ足しても，総体としての「人」にはならない。つまり，刑事裁判の場における被告人も法によって切り取られた一部分であり，総体としての「人」ではないのである。

少年司法，刑事司法における，司法の枠組みにおける臨床の作用とは，そうした法の作用によって不可避的に生じる「人の部分化」のプロセスから，「総体としての人」を復権させることだといえよう。

2 司法における家族臨床の特異性

司法における犯罪分野に関する法規や制度は紹介されることが多いが，司法における家族分野についてはあまり知られていない。

大学の講義で，学生たちに「家族とは何か」について聞くと，「私とシロ（犬）と……あと父と母は付け足し！」「お父さんがいないときの家庭」「一人だけで和むところ」など千差万別である。教科書的な家族の定義などほとんど出てこない。

是枝監督は「万引き家族」に関連して，これだけ家族が多様化しているのに，ところが日本社会は未だに「家族とはこうあるべきだ」と家族を定型化しているところがあると指摘している（是枝・ローチ，2020）。現代の「家族」はあまりにも曖昧模糊として，とらえどころのない「ヌエ」のようなものになって，私たちを振り回しているようである。

たとえば，家族の起源としての血縁と居住の2つの軸によって家族を規定すると，図2の4領域の「家族」が出現する。確かに現代家族は，同居したことがない家族，一人だけの家族など，ファミリー・アイデンティティ（Family Identity）に応じた多様な「家族」がある。まさに現代の「家族」を捉えることは困難なことである。

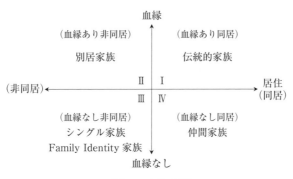

図2　家族の形

1）　日本の家族法

　このように現代の家族が多様化しているとすれば，家族に関与するための1つの視座を提供するのが，「家族法」であろう。ところが日本には「家族法」はない。通常，我々が「家族法」と呼んでいる法律は，少年法や児童福祉法などのように法体系としてまとめられたものではなく，民法典の第4編親族と第5編相続の項目を指す。そうした家族に関する法を含む現行の民法典は，「家族」について直截に述べていないばかりか，「家族」という語句さえ用いていない。

　民法典の家族に関する項目は，民法725条から881条にある，婚姻，親子，親権，扶養，後見などに関する，夫婦関係，親子関係，親族関係といった家族関係の諸部分の規定である。家族システム論の観点からも，「家族とは構成員の総和以上のものである」ということからすれば，民法典は，日本の「家族」についてその概念を明らかにしているとは言えず，移り変わる多様な家族を包含する概念を提示していない。ここに，現代の家族論ひいては家族における機能論の混迷があり，家族支援に関する実務上の諸問題が胚胎している。

　日本国憲法24条は，「個人の尊厳」と「両性の本質的平等」に基づくことを要請し，「家」制度の基盤となっていた明治民法を廃止して，1948年（昭和23年）に現行民法を施行した。その結果，近代の婚姻制度は，一夫一婦制，両性の合意に基づく自由な結婚，夫婦の平等をもとに，

夫婦家族制を志向した。このことは，「家」の犠牲とされた個人の人格の回復をはかり，「家族のための個人」から「個人のための家族」へと転換されたことを意味する。

そうであれば，今，「家族とは何か」と改めて問うことは，家族をステレオタイプに捉えて，多様な家族のあり方を否定することではなく，もちろん個人を抑圧してきた家族復権主義に陥ることでもない。異なる個性を持つ人間同士が生活することを保障するために法があるように，さまざまな家族が「家族」であり続けるために，家族に関する法が定められている。まさに，法は，揺れ動く現代家族の拠り所となるべきものである。

2）　家族紛争への法と臨床のアプローチ

法と臨床の基本的認識は家族紛争の解決のために知っておかなければならない。家庭裁判所の家事事件の離婚調停を取り上げて説明する。

ある離婚調停での妻と夫の言い分

妻：「夫は，家に居るといつも不機嫌で陰気で，私の家事や子育てに文句言うだけです。だから，私は夫に愛想を尽かして無視しているのです」

夫：「妻は，俺が仕事に疲れて帰っても労いもせず無視をする。家庭のことや子育てのことに助言をすると嫌な顔をする。だから，俺は家にいると気が滅入って不機嫌になる」

この夫婦の離婚調停での夫婦不和の理由について，妻の言い分を起点とすれば，〈夫はいつも不機嫌で家事と子育てに文句を言う〉（原因①）→［私（妻）は愛想を尽かして無視している］（結果①⇒夫婦不和）。

一方，夫の言い分を起点とすれば，〈妻は疲れた夫を労いもしないし，家庭と子育ての助言を無視する〉（原因②）→［俺（夫）は家庭にいると気が滅入り元気がなくなる］（結果②⇒夫婦不和）となる。

このように夫婦の紛争や家族の問題が起きると，法は家族の誰かを起点として「原因→結果」という直線的な因果関係で規定する。法の理解に限らず，私たちは何か事が起きるとその原因を探すからである。した

がって，夫婦関係が悪くなれば，その原因を夫か妻のどちらかに帰属させようとするわけである。

　ところがこの両者の言い分をすり合わせれば，妻の行為も夫の行為も，この夫婦不和の原因（①と②）であり結果（①と②）になる。つまり，夫婦の不和はどちらが原因でもなく，夫婦の関係の歪みが問題になる。このような円環的な認識が家族療法的な捉え方である（図3）。

　つまり，法的な捉え方は直線的因果論で，家族療法の捉え方は円環的認識論を採用する。法は，家族内の円環的な連鎖関係の一部を切り取り（punctuation），「原因→結果」の因果関係を取り出していることが分かるであろう。

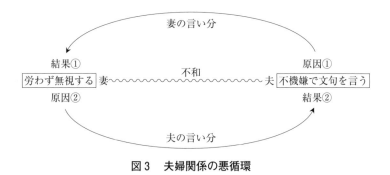

図3　夫婦関係の悪循環

3）　家族問題の3類型
(1)　夫婦関係（2者関係）の問題

　2者関係として夫婦関係の問題を捉えれば，2者関係はお互いの距離と位置が不明確なため，相手との間合いが近くなり過ぎたり遠くなり過ぎたり，斜めや背面（対立）の関係になりやすい。"相手がああ言うなら，こっちはこう言う"という繰り返しが続き，ヒートアップしやすいことも特徴である。

　また，離婚に伴う慰謝料や財産分与の紛争では，ある金額まで出せば離婚に応じると主張するケースも少なくない。その提示された金額には，離婚後の実生活の必要性によるものであるが，相手に対する憎しみや恨みを金に置き換えていることもある。

⑵ 親子関係（3者関係）の問題

　子が絡む親子関係の問題は，子－母－父の3者関係の問題ゆえにそれぞれの位置と役割の争いになる。たとえば，離婚に伴う親権者の争いでは，どちらの親に子が引き取られるのか，また面会交流ではどのようにして面会を実施するのかという紛争になる。

　1989年に国連で採択された「子どもの権利条約」（3条1項）では，「児童に関するすべての措置をとるに当たっては，（中略）児童の最善の利益が主として考慮されるものとする。」と明記されている。それ故，子が絡む親子関係の紛争解決の基本は，子の視点を基準とした「子の最善の利益」になる。「子の最善の利益」とは，子どもの年齢に応じた成長発達を含む人権が保障されることであり，子どもの福祉を実現することである。これを外すと適切な解決に至らない。

　親権者の判断基準として重要なことは，「子の最善の利益」を基準にして，法的事実と心理臨床的事象という2つの側面を視野に入れなければならない。法的事実とは，父母の年齢，職業，収入，住居，子どもの年齢，性別，身体の発育状態，など客観的な資料に基づいて判断できる事実である。それに対して，心理臨床的事象とは，親と子どもとの関係性，将来に向けた相互の関係の安定性，など臨床感覚を拠り所とするものである。

⑶ 親族関係（多世代関係：ジェノグラム）の問題

　親族関係の争いには，多世代にわたるジェノグラム（GENOGRAM）の問題が浮かび上がる。老親の扶養，高齢者虐待，遺産分割，など高齢者が関わる問題として提示されることが多い。老親の扶養や財産などをめぐって，成人した者（子）同士が争うことになる。そのため，実際の扶養の負担や金銭の得失と共に，老親が親世代だったときの育て方，きょうだい間の葛藤など，過ぎ去った家族の関係性（歪み）が表面化してくることがある。さらに旧民法の家制度的な意識が反映されやすいことも特徴的である。そうしたジェノグラムの問題としての理解と共に，扶養義務などの法の基礎知識や介護者に関する知識などが必要になる。

おわりに

　以上述べた司法・犯罪分野における臨床的関与の特異性は，法的枠組みと臨床的枠組みの基本的枠組みが相反することによる。そして，その両者を架橋する方法論が「司法臨床」である。司法臨床によるアプローチでは，法的機能と臨床的機能の交差領域に浮かび上がる問題解決機能によって，犯罪，非行，家族の諸問題を適切に解決する。

　たとえば，現代の社会問題になっているストーカー犯罪では，ストーカー規制法で禁止，阻止してもストーキングを繰り返し，法による罰を強化すればするほど怨恨の感情を募らせ，過激な攻撃行動を起こす者がいる。そのようなストーカーの攻撃性に対する法的対処と同時に怨恨の感情への臨床的アプローチをしなければ被害者を守ることはできない。そして，法の機能をどのように臨床的機能に展開できるか，また臨床による関与が法の解決機能を活性化させる触媒に成り得るか，という司法臨床が必要になる。

　「司法臨床」の方法について関心を持たれた方は拙書を参照されたい。

引用・参考文献

廣井亮一　2011　ジャスティス・クライエントへの「司法臨床」の展開．生島浩・岡本吉生・廣井亮一（編著）　非行臨床の新潮流．金剛出版．

廣井亮一　2017　司法臨床における被害者と加害者．指宿　信（編）　犯罪被害者と刑事司法．岩波書店．234-253．

廣井亮一　2020　司法・犯罪心理学―司法臨床のアプローチ．NHK 出版．

廣井亮一・中川利彦・児島達美・水町勇一郎　2019　心理職・援助職のための法と臨床―家族・学校・職場を支える基礎知識．有斐閣．

是枝裕和・ケン・ローチ　2020　家族と社会が壊れるとき．NHK 出版．

但木敬一　2009　司法界改革の時代―検事総長が語る検察40年．中央公論新社．

児童相談所による触法少年・虞犯少年とその家族への支援

浜野　翼

はじめに

　昨今，児童相談所といえば良い意味でも悪い意味でも（ほとんど悪い意味だろうか），児童虐待への対応に関して国民の注目を浴びている。専門家からも「児童相談所よ，がんばれ」と困難を極める児童相談所の現場への叱咤激励を拝見することもある。このように世間の注目や関心が高まっているからこそ，児童相談所の現場経験を語ることに一定の価値があるのかもしれない。そう思って本稿の執筆に臨んでいる。

　このとおり世間の関心を高めているのは虐待対応であるわけだが，児童相談所は虐待だけでなく，児童の触法及び虞犯行為についても対応している。触法・虞犯と聞くと，虐待とずいぶん毛色が異なると思われるかもしれない。しかし筆者は「家族を支援する」，また家族に限らず「当事者を含むシステムを支援する」という枠組みで考えれば，児童虐待も触法・虞犯もそこまで大きな対応の違いはないと考えている。

　筆者は千葉県内の児童相談所で約10年，児童心理司及び児童福祉司として務めてきた。本稿では筆者が対応した事例なども紹介しながら，児童相談所では触法・虞犯行為に対してどのように対応しているのか，また対応する上で筆者が家族療法やブリーフセラピーの視点をどのように用い，どのように対応しているかについて紹介していく。

1　児童相談所と触法・虞犯問題

　先述の通り，児童相談所といえば児童虐待対応が社会の関心を集めているわけだが，実際の割合としてはどうだろうか。厚生労働省が発表している2018年度の統計を参照すると，児童虐待は「養護相談」に分類されており，児童相談所における業務全体の45.3％を占めている（厚生労働省，2020）。もちろん比率として一番高く，世間的な注目だけでなく，実際の対応件数も他の種別より多いことがわかる。一方で今回のテーマである触法・虞犯対応も虐待ほどではないがたしかに存在している。触法・虞犯ケースはこの統計上で「非行相談」に分類されており，2.6％を占めている。またここで「育成相談」と分類されているのが，児童の家庭内暴力や不登校，いじめ問題である。これらは触法・虞犯行為へ発展する可能性が考えられ，この「育成相談」は8.6％を占めている。合わせて1割強になり，2018年までの推移で見ても，多少の増減はあれど毎年10％から15％ほどをこの「非行相談」と「育成相談」が占めていることになる。

　関係者を除き，なかなかイメージが湧かないと思われるため，そもそも児童相談所の触法・虞犯ケースがどのようにして関わりが開始されるのかを解説する。その多くは警察からの児童通告という形で，警察が認知した触法・虞犯行為に関して記載された書面がこちらに届く。内容としては14歳以下の少年による犯罪行為，家出や深夜徘徊などに関するものが多い。多くはこのように書面で通知され，その書面に基づき児童相談所が調査や相談を開始する。そして中には書面だけでなく，その場で警察が少年の身柄を保護し，直接児童相談所に連れてくる形で一時保護となることもある。これを身柄付児童通告と呼んでいる。その場合は，少年を児童相談所で一時保護していることを保護者に連絡するところから調査や相談が始まる。このような形で児童相談所と触法・虞犯行為を行った少年とその家族との支援関係，相談関係はスタートする。書面のみが届き，在宅しながら支援を行うケースであればその後，児童相談所

に親子で通う通所面接や家庭訪問をし，面接を重ねていく。少年を一時保護しているケースであれば，家庭引き取りを目指して，地域での少年とその家族の安全や，問題行為の再発防止を目標に面接する。このように通所や家庭訪問で一定期間，面接を重ねた後に問題がある程度解消され，関わりを終えるケースもあれば，犯した問題の重大性や，少年やその家族へのアセスメントの結果によっては，児童養護施設や児童自立支援施設への措置入所を判断することもある。

2　触法・虞犯少年とその家族への支援

　実際に触法・虞犯少年と接していて思うのは，少年らの両親やきょうだいを含めた，当事者家族の多くが機能不全を起こしている，ということである。また少なからず周囲の大人からの暴言暴力や，学校での不適応など，家庭環境や社会環境を背景に，少年らの問題となる行為が繰り返されている状況も少なくない。まさに問題を取り巻くシステムが問題行動を維持させ，エスカレートさせている，という状況である。現場の肌感覚としてもこのような印象があり，児童相談所の職員たちも，皆が家族療法やシステム論を学んできたわけではないものの，培った現場での経験から同様のものの見方をしている職員は少なくない。

　児童相談所で取り扱うケースは重くて困難なケースが多いという評価をよく聞く。一方で筆者は児童相談所で扱うケースもそれ以外のケースも基本的な支援の方針に大きな違いはなく，むしろそれを分けて考えることが支援を困難にする場合もあると考えている。以下に筆者が触法・虞犯少年とその家族に関わる上で重要だと思う点について話をする。まずなんと言っても欠かせないのは，ラポールやジョイニングである。クライエントやIP（Identified Patient），その家族と信頼関係を結ぶことの重要性はどんなケースでも変わらない。ましてや我々が関わる少年やその家族は，上述の通り触法・虞犯行為に関して警察の調査や取り調べを経て児童相談所につながることが多い。そうだとすればその少年や家族は，おそらくは警察からの指導的な対応を受けてきたと想定される。

そこで我々福祉機関が同じような対応をなぞっても，それ以上の効果は期待できないだろう。指導力において警察と競っても勝ち目はない。そこで児童相談所に求められるものとしては，速やかにその少年や家族と信頼関係を結ぶことに尽きる。おそらく少年や家族は児童相談所と相対する前，多少なりとも直前の警察の対応が頭をよぎり「きっと児童相談所でもこっぴどく叱られるのではないか」と想定しているのではないだろうか。このような状況で我々が少しでも共感的な姿勢，それまで家族に関わってきた大人と違う対応を取ることができれば，それ自体，社会が家族へ介入してきたことへの do something different であると言えるかもしれない。

　それでは以下に実際の事例を通して児童相談所が触法・虞犯ケースで具体的にどのような支援を行っているか紹介する。なお，事例はプライバシー等に配慮した改変を行っている。

事例 1

　非行グループに所属するＡ男とその家族への支援。

概　要

　Ａ男は家出中に仲間集団で万引きを行い警察に捕まり，児童相談所に一時保護されること数回。この保護を機に関わりが始まった中学生の男児である。関わろうとする者には「大人なんて誰も信用できない」と言い放ち，以降徹底して警察や児童相談所職員に沈黙を貫くような，静かだが強い意志を持った少年であった。家族構成は父，母，Ａ男，姉，弟の5人世帯。父母は父の楽天的な面と母の悲観的な面とのギャップが大きい印象であった。直近のＡ男の一時保護解除の際に母が過呼吸に陥っており，これは父主導で母の意にそぐわない形で家庭引き取りの話が進んだため，Ａ男が帰宅し，さらなる非行に染まっていくことを不安に思った母が倒れたものと推察された。

　非行集団に属していることで，家庭の中で孤立することが多かったＡ男であるが，誰よりもＡ男のことを気にかけていたのは父であった。「まずは何よりもＡ男が学校に毎日通うことが大事だと思うんです」と

話し，学校に馴染めなかったA男が一時保護解除後に久しぶりに登校するにあたり，父は学校までA男に付き添い，A男とともに学校との話し合いに臨み，A男の登校に繋げた。周囲の大人に向けたA男の緘黙は不安や緊張というよりも，大人への対決的な姿勢や諦めの感情による反応であり，担当である筆者がA男の自発的な表現を促すほど，A男から大きな抵抗を受けることが予想された。そこで筆者はA男と関係を築けている父を軸として，主に父子の関係，また家族全体の安定性を維持するために父母の関係を面接で取り扱っていくことで支援方針を定めた。

　筆者から「これまでお母さんはA男くんをよく見てこられました。思春期まではお母さん一人のお力でやってこられたでしょうが，これからはお父さんの力が欠かせません。特に男の子の場合は思春期の男親の存在が非常に大きな意味を持ちます」と意味づけ，父のさらなる協力を求めた。父は快諾し，父を面接の柱として据えることで合意した。通所面接ではA男と父母に通所してもらい，毎回面接開始時にA男に2つ3つ確認したいことを聞くが（首の動きで Yes or No を確認する程度は可能），その後A男には退室してもらう。A男には「A男くんをどんなふうに支えられるか，お父さんとお母さんが考える時間を作りたいから，あとは外で待っていてください」と伝え，父母がA男の今後を案じていることを強調した。その後は父母合同面接，父子合同面接，父とのみの面接など，面接時の状況に合わせ，構造を切り替えながら行った。また積極的にブレイクを取った。それは筆者が考えをまとめる時間というより，父子や父母が今後について話し合う時間を作ることを意図したものである。父との面接では，A男の問題行動に限らず，この家族において父の存在が非常に大きいことを繰り返し強調した。父は「家族のことでこうやって頼られることはなかったのでなんだか嬉しいですね。やれることはやりますよ」と前向きに捉えていた。筆者は「だからこそお父さんにはこれからも難しい宿題をお願いするかもしれませんし，夫婦で話し合う場ではお母さんの味方をすることもあるかもしれません」と伝え，学校の送迎以外の課題や，父母合同面接での筆者の立ち回りについて事前に意図を伝えた。また夫婦関係に関しては，楽観的である父の素養，

それと比較して悲観的である母の素養をどちらも必要であると肯定的に意味づけ，基本的に男性は楽観的であり，女性は悲観的になる傾向が高いと性差を用いたノーマライズを行った。その上で父へ「問題に対してお父さんが楽観的な態度を示すほど，お母さんはこの人は分かってない，とますます悲観的になります。お父さんは戦略的にお母さんの前では実際よりも悲観的な態度を示すことで，お母さんの悲観的な反応を抑制できるでしょう」と介入することで夫婦関係のバランス調整を図った。

その後，A男は集団内でのトラブルをきっかけに，非行集団から抜けることとなった。一時的に引きこもり状態となるが，変わらず父がA男を支え，登校できるようになり非行も収まっていった。筆者から通所を終えることを提案すると，母は不安そうにしていたが，ブレイクで親子3人で考えてもらう時間を取り，ブレイク明けに意向を確認し，通所を終えることで家族の意見が確認された。今度は不安から母が倒れることはなく，その後A男が児童相談所を訪れることはなかった。

この事例は，もともとの親子や夫婦の関係性を活かし，父が子育てに参画することや，A男に家庭の居場所を作ること，母の気持ちを置き去りにしない土壌を作ることを意図して面接を行った。非行集団を抜けたのは運も幸いしたが，その後A男が再び非行に傾かなかったのは，これらの土壌が良い方向に作用した部分もあると思われる。

事例2

不登校から家庭内暴力に発展し，保護者が一時保護を求めたB男とその家族，及び施設への支援。

概　要

B男はもともと父母や兄，父方祖母と暮らしていた。B男が小学校高学年のとき，父母の関係が悪化し，B男と母は家を出ることとなり，母子での生活が始まった。しばらくしてB男は不登校となり，間もなく鬱屈とした思いをぶつけるように，B男から母へ家庭内暴力が行われるようになる。その数か月後，母はB男との生活に耐えられず実家へ避難した。それでもB男は小学生だったため，母は時折帰宅し，B男の安否を

確認しようとした。しかしB男は母に拒絶されたことに深く傷つき自宅で籠城し，母の接触を拒むようになっていった。この状況を母が警察に相談し，警察がB男の身柄を無理やり拘束し，児童相談所に身柄付の児童通告となった。筆者がB男と初めて会った時，B男は不安で怪訝そうな表情を浮かべ，どこか怯えているようにも見えた。どんな理由があるにせよ母を追い出し，時に母を傷つけたことに関してB男は深く反省していた。話は上手くはないが，B男のたどたどしく朴訥とした話し方がかえってその言葉に真実味を持たせていた。

　「お母さんに会えたら謝りたい……。もしできるなら，また一緒に暮らしたい……」。B男の希望としては，家庭に帰り再び母子で生活することであった。B男は「これからはスポンジのような人間になりたい」と語り，「お母さんの言うことを聞くことができる。勉強やお手伝いをたくさんする。自分が怒りそうな時にはお母さんが悪いんじゃなくて自分が悪いと思えるようになる。話しやすい雰囲気を作れる」と目標とする人物像を独特な比喩を用いながら語っていた。また怒りから我を忘れる場面を振り返り「悪魔が襲ってくる感じ」と語った。B男と筆者は「スポンジのような人間になること」，「怒りの悪魔が襲ってきてもそれに負けないこと」を目標とし，毎回の面接で振り返りと課題の設定を行った。また怒りの感情が湧き出る際の悪魔の姿をB男に描いてもらい，プレイルームのサンドバッグにその絵を貼り，B男に殴ってもらうなど，外在化の手法としてB男の語りを取り入れながら，一時保護期間を過ごしていた。

　やがてB男に母と面会する機会が訪れた。B男は面会の出来が家庭引き取りを左右するという思いから，非常に緊張した面持ちであった。それでもこれまで伝えられなかった母への申し訳なさを，つたないがしっかりと，自らの言葉で伝えることができた。担当としてはこれ以上ないB男の謝罪であり，家庭引き取り後も，変わらず母子の生活を支援したい思いであった。しかし残念ながらB男や筆者の思いとは裏腹に，母の反応は意外なものであった。表情は硬く，B男の精一杯の言葉への反応は鈍かった。その後も何度か面会を実施したが，母がB男との生活を再

び望むことはなかった。

　ほどなくして児童相談所の会議にて，Ｂ男が児童養護施設に入所することが決まった。家庭で問題を起こした後に施設入所となる児童は，児童自立支援施設に入所することも多い。しかし一時保護中のＢ男の様子は比較的落ち着いているものであったため，筆者を含めた各担当者の意見が支持される形で児童養護施設への入所となった。会議で施設入所が決まってから入所まで数か月間，自らの願いが挫かれた末の，かつ行動制限の多いストレスフルな一時保護所での生活ではあったが，Ｂ男は腐らず，大きなトラブルを起こさずに入所当日を迎えた。

　入所するにあたって，施設内の心理士とは入念な情報共有を行った。これまでＢ男から何が語られ，どのように面接を運んできたのか。いかにＢ男が無念の末に入所となったのか。その上でＢ男に丁寧に関わる必要性を伝え，定期的に施設心理士がＢ男と面接していくこととなった。筆者はその後も担当についていたが，しばらくして外れることとなった。その後も何回か担当者の変更があったが，後任者たちが口を揃えて言うのは，Ｂ男の素直さとひたむきさ，そして何よりどんな苦難が立ちはだかっても前向きに取り組もうとする姿勢である。当然，入所した施設で大きな問題を起こすことなく生活する姿が報告されている。

　この事例は一時保護中の家族統合が叶わなかったケースである。このように担当が思うように運ばないケースも当然存在する。一方，母がＢ男との同居を拒んだことは，それがこの家族にとって最良の選択だったのかもしれないとも思う。またそのように切り替えて，施設にいる時間がＢ男にとって有意義なものになるために速やかに次の支援方針を立てていくことも，我々支援者に求められる姿勢であると思う。

文　献

Fisch, R. & Schlanger, K.　1999　*Brief therapy with intimidating cases : Changing the unchangeable.* Jossey-Bass. ［長谷川啓三（監訳）　2001　難事例のブリーフセラピー—— MRI ミニマルシンキング．金子書房.］
厚生労働省　2020　平成30年度福祉行政報告例の概況.
　　https://www.mhlw.go.jp/toukei/saikin/hw/gyousei/18/dl/kekka_gaiyo.pdf

小野寺百合子　2004　非行少年たちの再出発―補導の現場にみる子どもの心
　とその対応．東山書房．
若島孔文・長谷川啓三　2000　よくわかる！　短期療法ガイドブック．金剛出
　版．

犯罪被害者とその家族の支援

今野義孝

1　犯罪被害者とその家族は共に「被害者」

　犯罪被害者とその家族は，それまでの平穏な日常生活を一瞬にして破壊される。また，犯罪被害者とその家族は，被害による外傷体験の苦痛に加えて，コミュニティとのつながりの危機にも陥ることがある。「つながり」の喪失は，それまで当たり前のように存在していた家族の安心と安全の感覚を根底から奪う。そして，悲嘆や悲哀，絶望感，孤立感，抑うつ感，犯罪被害者としてのセルフ・スティグマなどをもたらす。「つながり」の喪失は家族の間にも深刻な苦痛をもたらす。家族の間に被害に関する話題を避けるよそよそしい雰囲気が生まれたり，互いの間に不信感が生まれたりする。また，家族が被害者本人を守ってあげられなかったという罪悪感にさいなまれる。このように，犯罪被害者とその家族は，共に「被害者」であると見ることができる。その理由をあらためて整理すると，その1つは，家族であるが故に被害者本人の抱える苦しみに「共苦」し，被害者本人のトラウマ体験を自分のこととして受け止めてしまうことである。これは，家族内での二次受傷ということができる。2つめは，事件がマスコミなどで報道されることによって，家族はメディア・スクラムの攻撃に曝され，それまでの日常生活を送ること

ができなくなることである。3つめは，地域の人々から偏見の眼差しを
受けたり，忌避されたりすることによって地域社会の中で孤立すること
である。このように，それまでの家族の平穏な暮らしは，犯罪被害に
よって危機に直面することになる。

2　犯罪被害者とその家族支援のアプローチ

　このことから，支援は被害者本人だけでなく家族に対しても行う必要
がある。なぜならば，温かい家族のつながりに満ちた日常性の回復こそ
が，傷ついた安心感や安全感の回復にとって不可欠だからである。支援
の具体的なアプローチを大別すると，トラウマ体験（外傷性ストレス障
害）の軽減に特化した心理治療的なものと，被害者とその家族の日常性
の回復を目指す「生活支援」になる。外傷性ストレス障害の軽減に向け
た心理治療的アプローチでは，被害者本人のトラウマ処理だけでなく，
家族のトラウマ処理も大切である（今野，2011）。バーディン（Bardin,
2004）は，犯罪被害者の外傷性ストレス障害の心理治療においては，被
害者本人だけでなく親や配偶者を含むシステミックなアプローチが有効
であると述べている。ヴァイランド（Weiland, 2002）は，家族療法に
EMDR（眼球運動による脱感作と再処理）を用いることで，犯罪被害
者本人と家族の抑うつ症状や外傷性ストレス障害を軽減するとともに，
家族のつながりの回復をもたらすことを報告している。
　トラウマ体験は，それが遷延化すると PTSD（心的外傷後ストレス障
害）となって，被害者を苦しめることになる。PTSD に発展することを
防ぐためには，日常生活の支援を通して安心と安全の感覚を取り戻すこ
とができるように被害者家族に寄り添うことが大切である（今野，
2010）。このことから，犯罪被害者とその家族支援の初期段階において
は，生活状況や生活環境を視野に入れた「生活支援」が求められる。生
活支援は，生活全体をその人の視点に立って見通し，身体のケア，生活
のケア，心のケアを大切にすることによって，その人がうまく環境に適
応できるように環境を整えたり，対処能力を高めたりすることである

（倉石，2004）。それによって，犯罪被害者とその家族は，自分の心と身体が安心と安全の感覚でつながっている実感や他者との間に温かいつながりの感覚を取り戻すことができるのである。

3　長女を交通事故で亡くした家族の支援

　次に，長女を交通事故で亡くした家族（遺族）支援において，生活支援を行った事例について報告する。ここでは，事例の説明にあたってプライバシー保護の観点から被害者家族とその地域が特定されないように配慮した。ところで，従来の事例報告では，主として支援者がどのような支援を行ったかを中心にして，その支援効果について述べたものがほとんどである。そのような報告では，「支援者が主」で「当事者は従」という関係が透けて見えることがある。また，支援者側から見た支援の「妥当性」の検証に焦点を当てていることが多い。しかし，それでは被害者が本当に必要としている支援の姿が見えにくい。そこで，この報告では，被害者の「語り」というスタイルを用いることにした。

⑴　事件のあらまし
　私の家族は，私（37歳，専業主婦），夫（37歳，会社員），事故で亡くなった長女（7歳，小1），それに次女（4歳，幼稚園児）の4人でした。住まいは，東京のベッドタウンとして開発された新興住宅地の1戸建です。4年ほど前に越してきました。近所には同年齢の子どもがいないため，近所づきあいはあまりありませんでした。娘の小学校や幼稚園，商店街などに行くには，交通量の多い国道の交差点を渡らなければなりませんでした。この交差点には，歩道と車道の間にガードレールがなく，以前から左折トラックによる巻き込み事故の危険が指摘されていました。
　6月半ばの夕方でした。私と2人の娘は，この交差点を渡って買い物に行くところでした。次女は私の自転車に乗り，長女は自分の自転車に乗っていました。交差点の信号が青に変わり，自転車を押して横断歩道を渡ろうとした矢先に，大型トラックが左折してきて長女を自転車ごと

後部車輪に巻き込んだのです。それは，一瞬の出来事でした。長女は頭部を押しつぶされて即死の状態でした。救急車で病院に搬送されましたが，もはやなすすべはありませんでした。私は，片方の手で次女を抱き寄せ，もう一方の手でバスタオルに包まれた長女を抱いたまま，病院の薄暗い廊下で検死を待っていました。しかし，なかなか担当の医師は現れませんでした。その間，どれくらいの時間が経ったのかわかりませんが，看護師が呼びに来るまで長い時間待たされていました。傍らには，女性の警察官と男性の警察官が付き添ってくれていましたが，２人ともほとんど無言のままでした。その間，何人かの看護師が私たちの前を通って行きましたが，まるで私たちを避けるような目をしていました。なかには，小声で「もう死んでいるんですって」と言いながら足早に通り過ぎていく看護師たちもいました。そうした言葉は，「子どもを不注意で死なせた親」と，私を責めているように聞こえ，私の心は悔しさと情けなさで凍り付いていました。知らせを聞いて急遽駆けつけた夫も，呆然として言葉を失っていました。私は，夫にただただ泣いて謝ることしかできませんでした。

(2) 押し寄せる恐怖感と罪悪感

　検死が終わって，自宅に戻ったときは午後８時を回っていました。翌日から１週間は，警察の事情聴取や葬儀などであっという間に過ぎてしまいました。でもその間のことは，何がなんだか今でも思い出すことができません。葬儀の最中も，ほとんど現実感がありませんでした。その間，次女の面倒は近所の人たちや幼稚園の保護者の友人たちに見てもらいました。友人の話によると，次女は少しもわがままを言わなかったそうです。でも，笑顔もなかったとのことでした。次女はとても辛い気持ちだったのだと思います。それを口に出せずに我慢していたのだと思うと，本当に申し訳なかったと思います。

　葬儀が終わると，急に人の気配がなくなりました。夫も通常通りに仕事に出かけて行き，私は次女を幼稚園バスまで送った後はどっと重苦しい疲労感に襲われ，何もすることができなくなりました。その頃から，

夢の中に変わり果てた長女の姿が現れ，恐怖と罪悪感に襲われ，過呼吸で目を覚ますようになりました。日中も，ちょっとした物音でビクッとしたり，部屋の隅に長女がいるのが「見えたり」，長女の泣き声が「聞こえたり」するようになりました。その度に恐怖と緊張に襲われ，夜も眠れなくなりました。日増しに，罪悪感から自分は生きている価値はないという思いが強くなりました。夫にそのことを話しても，夫には理解してもらえませんでした。逆に，私の気持ちが「変になっている」と相手にしてもらえませんでした。私は，実際に事故の現場にいた自分と，そうではない夫との間にできた大きな「溝」に突き落とされたようになり，家族のなかで孤立していくのを感じました。

(3) 生活支援の要請と家族の安心感

　私は，夫に理解してもらえないという無力感から食欲も無くなり，家事も投げやりになりました。次女の世話もできないような状態になりました。買い物に行くためには事故の現場を通らなければなりませんが，それが怖くて買い物にも行けなくなりました。夫は，日常生活に支障をきたすようになった私に苛立ちを募らせるだけでした。このままでは，私だけでなく家族全員が「壊れてしまう」と焦りましたが，自分には誰かに助けを求める「値打ち」がないという思いにとらわれていました。

　そのような私たち家族のことを心配して，次女の通っている幼稚園の園長先生が援助要請を促してくれました。そして，民間の犯罪被害者援助センターに支援を求めることにしました。翌日から2名の女性の支援員と，女性の心理の方が来てくれました。心理の方は，1か月間にわたって1週間に1回の割合で来てくれました。支援員の方たちは，その後2か月間にわたって，午前9時から午後5時まで滞在し，次女の幼稚園バスの送迎に付き添ったり，次女の遊び相手になってくれたり，買い物や食事の支度，風呂やトイレの掃除などを手伝ってくれました。心理の方は，私の辛さに丁寧に耳を傾けてくれました。そして，私の状態は決して異常なものではなく，悲惨な経験をした時には誰にでも起こることを，私と夫に丁寧にわかりやすく説明してくれました。また，夫の苛

立ちは長女を亡くした辛い気持ちからくるものであり，決して私を責めているのではないと説明してくれました。そして，「こういうときこそ，家族全員が安心の感覚に包まれることが大切なのですよ」，「心と身体が緊張で固まってしまっているので，その緊張をやさしくほぐしましょう」と言って，家族全員にマッサージをしてくれました。身体の緊張が緩んできたときに，私は張り詰めていた気持ちから少し解放され，思わず「フワー」とあくびとも安堵のため息ともつかない呼吸を繰り返していました。久しぶりに，「息をしている」と，実感することができました。

その後も，心理の方は，私たちの辛い気持ちに耳を傾けながらマッサージを続けてくれました。また，夫にもマッサージの仕方を教えてくれて，夫も私や次女にマッサージをしてくれるようになりました。マッサージを通して家族の気持ちが和らぎ，少しずつ家族に笑顔が戻ってきました。49日を迎える頃には，恐怖感や悪夢も少なくなりました。

(4) 地域のつながりへの感謝

長女の小学校では，長女の机の上に花を飾り，月命日にはクラス全員で黙祷を捧げてくれました。次女の幼稚園では，私が裁判の傍聴に行くとき，保護者の友人が次女の送迎を手伝ってくれました。また，小学校のPTAと地域の住民が協力して，事故のあった横断歩道にガードレールの設置を陳情してくれました。そのお陰で，事故から半年後にはガードレールが設置されました。また，新たに歩行者用信号機が設置され，地域住民が安心して渡れるようになりました。

犯罪被害者援助センターとの付き合いはその後も続いています。私たち家族は，支援をしていただいたことにお礼をしたいと思っていました。そのことを相談したところ，啓蒙活動にボランティアとして参加することを勧めてくれました。そして，駅頭で被害者援助センターの広報活動に参加しました。しかし，私たちの話に足を止めて聞いてくれたり，広報パンフレットを受け取ったりしてくれる人はごくわずかでした。なかには犯罪被害者援助センターの広報活動だと分かると，わざと避けて通

り過ぎる人もいました。多くの人々は犯罪被害が自分とは無関係のものだと思っていたり，犯罪被害者と関わることは迷惑で厄介なことだと思ったりしているように見えました。でも，そうした態度は長女を事故で亡くす前の私たちにもあったのです。そうした無関心な態度や忌避的態度が，犯罪被害者とその家族を社会的に孤立させ，よりいっそう困難な状況に追いやる原因となっているのです。

(5) 「寄り添い」への感謝

私たち家族は，長女の死亡事故をきっかけにして多くの方々から温かい支援をいただきました。それとともに，心を温めてくれる言葉にも出会いました。その1つに，民芸運動の創始者で，木喰の仏像彫刻を発掘した柳宗悦の言葉があります（柳，1991）。それは，「悲しさは共に悲しむ者がある時，ぬくもりを覚える。悲しむことは温めることである。悲しみを慰めるものはまた悲しみの情ではなかったか。悲しみは慈しみでありまた愛おしみである」という言葉です。この言葉は，悲しみや苦しみの中にいる人が求めているのは，一緒に泣いたり笑ったり，悲しんだり，喜んだりしてくれる人の存在であることを教えてくれました。

また，水俣病の人たちの苦しみを描いた『苦海浄土』の著者である石牟礼道子さんの「悶え加勢」という言葉にも出会うことができました（石牟礼，2014）。水俣には「悶え加勢」という言葉があって，村のある家で悲しい出来事があると，村人が何とか力になれないかとその家に行くのだが，その悲しみを知っているだけに，むしろかける言葉がなく，どうしていいかわからず悶えるだけで，戸口の所を行ったり来たりするというのです。ところが数年経ってからその家の方から，「あのときは悶え加勢をしていただいて大変心強かった」と言われるそうなのです。私たち家族も多くの人たちに「悶え加勢」をしていただき，今の平穏があるのだと心から感謝しています。

4　まとめ

　犯罪被害者とその家族の願いは，平穏な日常を回復することである。それは，失ったつながりをあらためて築き直していくプロセスでもある。そのためには，築き上げてきた時間の何倍もの時間が必要なのかもしれない。このことから，息の長い「寄り添い」が必要になるのである。「寄り添い」の鍵を握っているのは，特定の支援者だけでなく地域の人々である。本報告で紹介した事例では，近所の住民や幼稚園や長女が通っていた学校の友人たちであった。犯罪被害者支援で大切なのは，被害者が感情を吐き出す場があることである。警察庁犯罪被害者支援室（2003）の犯罪被害者実態調査研究によると，事件の直後には5割以上の人が「誰かにそばにいてほしかった」と回答していた。2年以上経過した後でも，大切なこととして「傍で話を聞いてくれること」をあげる人が多かった。このことから，犯罪被害者とその家族への支援は，長期にわたって行われる必要がある。そのためには，「支援する」から「寄り添う」という視点への転換が大切になってくる。「寄り添う」というのは，温かい気持ちで，相手を安心・安全の感覚で包み込むことである。それは，被害者の孤立感の軽減や自尊心の回復にとって不可欠なものである。

　これまでの犯罪被害者とその家族の支援においては，犯罪被害者自身の外傷性ストレス障害の治療に焦点が当てられがちだった。しかし，犯罪被害によって引き起こされるのは，被害者の心と身体のつながりの喪失だけでなく，地域におけるつながりの喪失でもある。このことから，犯罪被害者とその家族の支援においては，コミュニティとのつながりを回復するということが重要である。

参考文献

Bardin, A. 2004 EMDR within a family system perspective. *Journal of Family Psychology*, 15(3), 47-61.

石牟礼道子　2014　花の億士へ．藤原書店．

警察庁犯罪被害者支援室　2003　犯罪被害者実態調査報告書の概要について．犯罪被害者実態調査研究会．

今野義孝　2010　犯罪被害者・犯罪被害者家族への支援．日本家族心理学会（編）　家族心理学年報28　家族にしのびよる非行・犯罪―その現実と心理援助，62-71．

今野義孝　2011　被害者支援―安心・安全の体験のなかで"つらい"出来事に向き合う．現代のエスプリ，523，170-181．

倉石哲也　2004　「犯罪被害者中心の支援」を求めて―心の声を聴く．酒井肇・酒井智恵・池埜　聡ほか（編）　犯罪被害者支援とは何か―附属池田小事件の遺族と支援者による共同発信．ミネルヴァ書房．

Weiland, B. S.　2002　The clinical effectiveness of family therapy with female survivors of sexual violence. *Dissertation Abstracts International : Section B : The Sciences and Engineering*, 62(10-B), Apr, 4773.

柳　宗悦　1991　南無阿弥陀仏―付　心偈．岩波書店．

更生保護制度の中での家族支援
保護観察所における家族支援の実際

里見有功

1　はじめに

　人が犯罪や非行をしてしまった場合，本人に対する措置は法に則った一定の刑事手続の中で進められるが，その過程において，家族はその事実をどのように受け止めるであろうか。特に，保護者や配偶者の場合は，我が子が，または夫や妻が犯罪者となったということに，大きな衝撃を受けるであろうことは想像に難くない。そして，「自分の何がいけなかったのだろうか」，「接し方や育て方が悪かったのだろうか」といった自責の念にとらわれることも多いであろう。さらに，周囲からは加害者家族として好奇の視線にさらされたり，いわれなき非難や中傷を受けたりする可能性も大きい。

　確かに，親の養育態度や家族の機能不全が，犯罪や非行の1つの要因と考えられる事例は少なくない。しかし，原因探しをしたり，家族を非難するだけでは問題は解決しない。むしろ，家族関係を本人の改善更生の促進要因としてとらえ，その関係性の改善を図ることにより，本人の再犯や再非行を防止するという視点が重要である。

　本稿では，刑事司法の一端を担う保護観察所における家族支援を紹介

することにより，犯罪をした人や非行のある少年の家族に対しての効果的な支援の在り方について述べることとしたい。なお，本稿の内容のうち，意見にわたる部分については，筆者の私見であることをあらかじめお断りしておく。

2　保護観察及び生活環境の調整とは

　最初に，保護観察所における主たる業務である保護観察及び生活環境の調整について述べる。

(1)　保護観察

　保護観察とは，犯罪をした人や非行のある少年を，社会の中で通常の生活を送らせながら，保護観察官と法務大臣の委嘱を受けた民間のボランティアである保護司の協働態勢により実施され，毎月の定期的な面接により生活状況を確認し，あらかじめ定められた遵守事項と呼ばれる約束事を守らせるなどの指導監督と，就労・福祉・医療の援助など社会復帰を促進するために必要な補導援護を行い，本人の再犯防止及び改善更生を図る制度である。

　保護観察を受ける人は，保護観察対象者（以下「対象者」という）と呼ばれ，表1のとおり種類と期間が定められている。

表1　保護観察の種類と期間

保護観察対象者	保護観察の期間
保護観察処分少年（1号観察） 家庭裁判所の決定により，保護観察に付された者	決定の日から20歳に達するまで。20歳まで2年に満たない場合は2年間。例外的に23歳まで。
少年院仮退院者（2号観察） 少年院からの仮退院を許されている者	仮退院の日から，原則として20歳に達するまで。例外的に26歳まで。
仮釈放者（3号観察） 刑事施設から仮釈放を許されている者	仮釈放の日から，残刑期終了日まで。

保護観察付執行猶予者（4号観察） 裁判所で執行猶予付の判決を受け， 期間中保護観察に付された者	執行猶予付の刑の言渡しが確定した 日から，執行猶予の期間終了日まで。
婦人補導員仮退院者（5号観察） 婦人補導員から仮退院を許されてい る者	仮退院の日から，補導処分の残期間 が満了するまで。

(2)　生活環境の調整

　生活環境の調整とは，犯罪や非行をしたことにより刑事施設や少年院に収容されている人に対して，収容されている段階から，その改善更生及び円滑な社会復帰にふさわしい環境を整えておくための措置をいう。具体的には，本人が釈放または出院後に希望する引受人及び帰住予定地について，保護観察官または保護司が帰住予定地を訪問し，引受人と面接を継続的に行うことにより，住居の確保，就労または就学先の調整，関係機関及び関係人の理解と協力などの必要な事項を調整していく。

　刑事施設に収容されている対象者の中には，何度も受刑を繰り返すなどして，家族とも疎遠になっているために，引受人として家族ではないかつての雇用主や知人を希望する者も少なくない。一方で，少年院在院者の多くは，収容される前は家族と生活しており，引受人としても保護者である父または母を希望している。保護者の多くは，自分が引受人となって本人を立ち直らせたいと強く思うと同時に，本人を非行に走らせてしまったという自責の念や本人に対する指導の限界なども感じている。したがって，在院中から，保護観察官及び保護司と保護者が協力し合いながら，本人の出院に向けて環境を整えていくことが非常に重要となる。

3　保護観察所における家族支援の実際

(1)　少年の保護観察処遇における家族支援

　1号観察及び2号観察については，「保護観察所の長は，必要があると認めるときは，保護観察に付されている少年の保護者に対し，その少年の監護に関する責任を自覚させ，その改善更生に資するため，指導，

助言その他の適当な措置をとることができる。」（更生保護法第59条，少年と保護者の定義は省略）という保護者に対する措置が規定されている。したがって，保護観察官が実施する保護観察導入のための初回面接については，原則として対象者とともに保護者にも来庁してもらい，面接への同席を依頼している。面接では，本人の保護観察処遇を円滑に進めることができるように，保護観察に対する理解と協力を求めるとともに，対象者の生活等の問題で，困ったことや相談したいことがあるときは，保護観察官または担当保護司に遠慮なく連絡をしてほしい旨を伝えている。また，筆者が昨年度まで勤務していた千葉保護観察所（以下「当庁」という）においては，初回面接同席時に保護者に対して，日常の親子間のコミュニケーションを円滑なものにするための参考として，法務省保護局作成のパンフレット「保護者のためのハンドブック―より良い親子関係を築くために」を渡している（法務省保護局，2014）。

　初回面接終了後は，対象者は地域において担当保護司の定期的な面接を受けることとなる。2号観察対象者については，少年院在院中の生活環境の調整を担当していた保護司が，引き続いて保護観察を担当する場合がほとんどであり，保護者とはすでに信頼関係が形成されていることが多く，対象者のことで心配なことがあるときは，担当保護司に相談しているという声を聞くことも多い。また，1号観察対象者の保護者に対しても，担当保護司との初回面接に際しては，可能な限り保護者にも同席してもらうように依頼している。

　しかしながら，保護観察決定となったからと言っても，少年が急にこれまでの生活態度を改めて，いわゆる「真面目な良い子」に生まれ変わるわけではない。ところが，保護者としては対象者の劇的な変化への期待が大きいことから，結果的に親子間での口論などが頻繁に起こるなどして，一時的には親子関係の悪化が見られることも少なくない。こうした場合には，例えば担当保護司はあくまでも対象者との関係を軸にして本人の言い分に耳を傾け，保護観察官は保護者の話を傾聴した上で，助言をしたり，対象者に対する必要な指導を行うなどの役割分担を行って問題に対処していくことも多い。

さらに，保護者自身が精神疾患を抱えていたり，家族関係の問題が大きいと考えられるケースに対しては，複数の保護司を担当に指名して処遇に当たってもらい，保護観察官とも綿密に協議しながら，対象者の保護観察処遇とともに，保護者に対しても必要な支援の道筋を検討していく場合もある。

(2)　少年の保護観察対象者の保護者会の実施

　当庁においては，１号観察及び２号観察中の対象者の保護者に対して，少年の非行問題に資する知識及び情報を提供するとともに，保護者同士が子どもの監護に関する経験を共有し，不安や悩みを話し合う場を設定することにより，保護者の監護能力の向上を図り，対象者の立ち直りの援助に資することを目的として，毎年1回「保護者セミナー」を開催している。

　内容は二部構成で，第一部は臨床心理士等の専門家を講師に招き，「非行問題を抱えた少年への対応について」といったテーマによる講話を行い，第二部は座談会及び質疑応答の場として，講師及び複数の保護観察官が同席し，参加した保護者の子育ての悩みを傾聴しつつ，親子のコミュニケーションに有効と思われるヒントを提供するなどしている。

　参加については任意であり，担当保護司を通じて保護者に呼び掛けている。セミナーの性質上，あまり大人数になると参加者の発言の機会が少なくなりやすいこともあり，現在のところは，保護観察開始から３～４か月経過した対象者の保護者を中心としている。

　同様の保護者会は，多くの保護観察所で実施されているが，筆者が以前に勤務していた東京保護観察所においては，通常の保護者セミナーの他に，再非行が多いと言われている性非行によって保護観察となった少年の保護者に特化した保護者セミナーを年に１回実施している。講師として，刑事施設や保護観察所で実施している「性犯罪者処遇プログラム」のスーパーバイザー等を務めている専門家を招き，同様に講義と座談会の二部形式で実施している。

　これらのセミナーに参加した保護者からは，「子どものことで悩んで

いるのは自分だけではないと分かり，気持ちが落ち着いた」，「知り合い
や友達には話せない悩みを聞いてもらうことができて，元気が出た」，
「子どもへの対応のヒントをもらえたので，明日から実践していこうと
思う」といった感想が寄せられている。

(3) 生活環境の調整における家族支援

　刑事施設及び少年院に収容されている間の生活環境の調整については，
多くの場合は地域の担当保護司が定期的に引受人となっている家族を訪
問して面接し，対象者の社会復帰に向けた準備を進めていくことになる。
対象者が収容されている間は，物理的に距離があることから，家族も冷
静さを取り戻していることが多く，家族相互の関係を見直す良い機会で
もある。また，引受意思を有している家族であっても，一日も早く出所
して一緒に生活したいという思いと，出てきたらまた再犯してしまうの
ではないかという不安の両価的な感情を抱いていることも多く，そうし
た家族の気持ちを受容しながら，本人の更生にとってどのような生活環
境が望ましいのかを話し合っていくこととなる。

(4) 薬物事犯者の家族に対する支援

　覚醒剤取締法違反を初めとした薬物事犯は，各種犯罪の中でも極めて
再犯率が高く，『令和2年版犯罪白書』（法務省，2021）によれば，令和
元年における覚醒剤取締法違反の成人検挙人員中の同一罪名再犯者率は
66.9%に上っている。また，平成28年に施行された刑の一部の執行猶予
制度により，刑の一部の執行猶予の判決を受けた薬物事犯の対象者につ
いては，執行猶予の期間（多くは2年または3年）は必然的に保護観察
に付されることとなっているため，長期にわたって保護観察処遇を受け
ることとなる。

　薬物事犯者に対しては，刑事施設内においても集団による薬物依存離
脱指導が実施されており，さらに，保護観察所においても，3号観察
（保護観察期間が6か月以上の者に限る）及び4号観察の対象者に対し
ては，薬物再乱用防止プログラムを実施している。対象者には，同プロ

グラムの受講が特別遵守事項として義務付けられており，特段の事情の
ない欠席や遅刻については，仮釈放または執行猶予の取消という厳しい
措置が執られることもある。

　薬物事犯の対象者の中には，深刻な薬物依存の問題を抱えている者も
おり，その家族は多くの場合，本人の依存の問題に巻き込まれて振り回
され，対応に疲弊している。それでも，本人が刑事施設に入所している
間は，家族は一時的には平穏な生活を取り戻しているようには見えるも
のの，釈放される日が近づくにつれて，「社会に戻れば，また薬物に手
を出してしまうのではないか」，「やめるという本人の言葉に何度もだま
されてきた。もう本人のことは信用できない」といった強い不安や不信
感を感じることが多い。したがって，本人が刑事施設に入所している間
の，家族に対する支援は非常に重要となる。

　そこで，保護観察所においては，刑事施設に入所している対象者の引
受人となっている家族を対象として，薬物依存に対する理解を深めると
ともに，本人の依存症からの回復のために，家族として適切に対処でき
ることを目的として，「薬物事犯者引受人会」を定期的に開催している。

　当庁においては，令和元年度は年3回実施している（なお，令和2年
度においては，新型コロナウィルス感染拡大防止の観点から，未実施と
なっている）。内容は，二部構成となっており，第一部は部外講師によ
る講話，そして第二部は講師及び保護観察官，そして千葉菜の花家族会
の代表にも参加を依頼してのフリートークによる座談会を実施している。
部外講師には，薬物依存症専門病院に勤務する精神保健福祉士や，千葉
ダルクスタッフを招いており，さらに千葉県精神保健福祉センター及び
千葉市こころの健康センターのスタッフにも参加を依頼し，地域におけ
る薬物依存症者及びその家族の支援活動についての紹介の時間も設けて
いる。

　家族の参加は任意ではあるものの，対象者の生活環境の調整を担当し
ている保護司を通じて広く呼び掛けており，毎回20名程度の家族が参加
している。また，担当保護司も一緒に参加しているケースも多く見られ，
出所後の本人の断薬の継続と依存症からの回復のために，家族と担当保

護司が一緒に考えることのできる良い機会となっている。参加した家族からも、「薬物依存に対する理解が深まった」、「地域の支援の仕組みがよく分かった」、「悩んでいたのは自分だけではないと分かり、もう一度本人ときちんと向き合おうという気持ちになった」などの声が寄せられている。

　薬物依存からの回復は、本人にとっても家族にとっても長い道のりであり、保護観察官及び担当保護司は、保護観察期間中は継続的に関わることができるものの、あくまでも有期限の関わりである。したがって、対象者及び家族のその後の人生を見据えて、地域の関係機関の協力を得ての引受人会の開催は、大きな意義のあるものであると思われる。

4　おわりに

　保護観察処遇は、「刑事司法のアンカー」とも呼ばれており、捜査機関から裁判所、矯正施設での処遇を経て、再犯防止及び改善更生における社会内での最後の砦と考えられる。対象者の家族の多くは、これまで加害者家族として扱われ、肩身の狭い思いをしたり、やりきれない思いを抱えながら生活してきている。筆者自身も、少年院から仮退院してきた少年の保護者との面接で、「これまで子どものことを相談できる人はいなかったけれども、訪問してくれた保護司さんが親身になって話を聞いてくれ、親としての苦労をねぎらってもらえた」という声をよく耳にする。こうした家族の気持ちを忘れず、支援を継続していくことが必要であろう。

　平成28年には「再犯の防止等の推進に関する法律」が施行され、再犯防止が強く叫ばれており、今後は保護観察期間終了後も見据えた地域における途切れのない支援がより必要となってくるものと考えられる。

文　献
法務省　2021　令和 2 年版犯罪白書．http://www.moj.go.jp/housouken/housouken03-00027.html

法務省保護局　2014　保護者のためのハンドブック―よりよい親子関係を築くために.

法務省保護局観察課　2017　犯罪者や非行少年の家族への指導の助言等の措置. 更生保護, 68(8), 6-11.

里見有功　2015　司法領域における心理臨床. 塩﨑尚美（編著）　実践に役立つ臨床心理学〈第3版〉. 北樹出版.

田島佳代子　2020　保護観察における家族支援について. 更生保護, 71(2), 12-15.

吉田精次　2017　依存症者を持つ家族に対するCRAFTを活用した支援. 更生保護, 68(8), 12-17.

非行のある少年とその家族への
家庭裁判所における支援

社会調査を中心に

柏原啓志

1　非行臨床に携わる者の姿勢

　本稿を依頼された当初，仮に与えられた表題は「家庭裁判所における非行少年とその家庭への支援」だった。しかし，家庭裁判所で非行臨床に携わる者としては，この「非行少年」との表現にひっかかりを感じる。この「ひっかかり」は，家庭裁判所調査官（以下「家裁調査官」）のある先輩から引き継がれたものだが，「非行」というのは，それを犯した当該未成年者の行為の結果でしかないのに，「非行少年」との表現に内在する，あたかも「非行」がその少年の属性であるかのような規定への違和感から生じている。この些細な違和感にこだわるのは，少年が社会との繋がりを保つ上での重要なポイントがここにあると考えるからである。筆者は，少年に共感をもって対峙し理解するために，また，少年の再非行の防止のためには，その少年を（たとえ耳目を集めた事件を犯した少年であっても）「心の闇がある」等の言葉で片付けたり特別視したりはしないこと，少年と自分たちを線引きしないことが重要であると考えている。「非行少年」という表現に，筆者は線引きの意識を感じるのだ。

　家裁調査官として非行臨床に携わっていると，非行を繰り返す少年の中には虐待を受けた経験がある少年が，いじめが問題となる少年にはい

じめられた経験のある少年が少なくないのを知る。加害と被害が表裏一体であるケースに何度も出会った経験から、筆者には、非行が個人の属性であるとは到底思えない。また、非行を繰り返す少年への家族の状況の強い影響は、すでに広く知られている。少年にとってそれらは選択しようがない事情だったのに、非行行動を少年の属性のように特別視するのでは、ある意味、処遇や保護をする側の責任を果たせていない。少年に社会との繋がりを実感させるには、関わる者が線引きせずに少年に接する（社会的包摂の意識を持つ）ことが必要だ。これは、少年の孤独感の軽減や、自己有用感等の確認に繋がる。筆者は、支援者側のこうした態度が、少年の再非行防止の第一歩であると考える。

　なお、本稿の評価、意見にわたる部分は筆者の個人的な見解であり、事例は個人情報保護のため、事案の本質を損なわない程度に改変した。

2　家庭裁判所の手続き

(1)　少年法の目的

　少年法第1条は、その目的として「少年の健全な育成」を掲げ、「非行のある少年に対して性格の矯正及び環境の調整に関する保護処分を行う」ことを定めている。この目的に向けて、家庭裁判所には、少年審判手続き全体を通じて少年及び保護者に働きかけや支援を行う制度が設けられており、様々な工夫と共に運用されている。

　事件を受理すると、家庭裁判所はまず調査を行う。調査には、主として法律記録による法的調査と、要保護性の判断のために資料収集を行う社会調査がある。法的調査は書記官の補助を受けつつ裁判官が行うが、非行行動をした少年の処遇を定めるための社会調査は、主として、行動科学の知見を有する家裁調査官が裁判官からの命令を受けて行う（図1）。

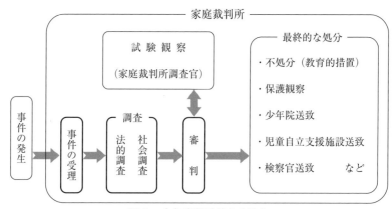

図1　少年審判手続きの流れ

⑵　社会調査について

　社会調査は，非行の原因を明らかにしつつ，当該少年の要保護性の判断に資する資料を収集し，どのような処遇が最も有効適切であるかを明らかにするための手続きであり，心理学，教育学，社会学等の行動科学の知見を活用して行う。具体的には，非行時の少年の行動を分析することで少年の行動傾向を把握し，非行に繋がった要因を抽出する。同時に，少年の生育状況や家庭環境とその変化を把握し，非行を促進する要因がどのように形成されたかを明らかにすると共に，非行を抑止する要因が形成されていた場合は，それがなぜ機能しなくなったか等を分析していく。これらを，少年の能力や特性といった資質的視点，家庭，学校や地域，交友関係等の社会的視点，さらには少年の認知や感情等の心理的視点等の複合的な観点から明らかにし，非行のメカニズムを多角的に分析・評価していく。その上で，何を処遇のターゲットとし，再非行の防止のためにどのように働きかけるかを検討する。

　社会調査において，家裁調査官は，受け身的な情報収集だけではなく，再非行の防止を目指して少年，保護者の問題性や特性等に応じた働きかけや支援を実施し，またその反応を観察しながら変化の可能性を見極め，少年に対しての処遇を検討していく。こうした働きかけや支援は，実務上，「教育的措置」または「保護的措置」と呼ばれている。家庭裁判所

の手続きには，大きく分けると調査と審判の過程があるが，少年とその家族への教育的措置は，主にこの社会調査の段階で行われる。

3 社会調査過程における支援

(1) 面接過程での支援

　家裁調査官の行う社会調査の中核的な活動は面接である。ここでは，情報収集，アセスメント，働きかけが同時あるいは循環的に行われ，少年，保護者への最終的な支援と要保護性の評価を行う。

　ところで，非行をした少年らが抱える苦悩等に対してはカウンセリング的な手法で対応するのだが，少年らはときに，苦悩を抱えきれずに激しい行動化を示すこともある。これが対応する者との信頼関係を壊すまでに至ると少年の内省自体を促進できなくなるため，行動化に，行動規制等の配慮をすることが，非行をした少年に対するカウンセリング的なアプローチの大きな特徴である。本稿では，非行をした少年らへの支援に関して，従来から言われているダブルロールの問題（少年の自由意思を尊重する役割と，少年に行動規制を課す役割との相克）も踏まえて（村尾，2010），筆者の臨床体験から提言したい。

ア 「共感を尽くすが同意はしない」

　筆者は，非行のある少年との面接の根底には，共感を尽くすことが必要であると考えている。

　家族を殺害しようと自宅を放火した少年がいた。自宅は全焼したものの，負傷者はなかった。このケースでは，少年は面接の初期には，「他人の話が頭に入らない」「事件を始め，以前のことが思い出せない」等，実感を伴わない様子で，半ば笑いながら話をしていた。一方で，具体的な状況は語らないながらも，「孤独で苦しんでいた」「人間を憎んでいる」等と述べ，「やったことに後悔はない，また同じようにやるかもしれない」と淡々と語ってもいた。この少年に対しては，共感を重ね，ときには，面接者側に生じる感情を伝えようと試みた。特に，彼が，感情を伴わない軽い調子で「悲しみは半端でなかった。孤独は生きていく上

で仕方ないと納得している」と述べたときは，「ずっしりと重いものを感じる」等，少年が，心のどこかに持っているのではないかと想像された感情も含めて伝えようとした。当初少年は，面接者の言葉に戸惑いを示したが，徐々に深刻に受け取るようになり，最後には「今回と同じ状況になったら同じことをするかどうか分からなくなった。なぜそう考えるようになったかは自分では分からないが」と述べた。

この少年のケースのように，面接者の共感が，少年が抱えきれなかった苦悩に直面することに繋がったと感じるときがある。共感を尽くすことにおいては，面接者は，自分に少年の非行行動を止められる力があるとの思いを保留すると共に，「内省を深めることは少年にとって辛い作業である」との前提で，面接を進める必要がある。同時にまた，少年が結果的に犯罪行動を選んだこと，（今後も）選ぼうとしていることには決して同意しないとの姿勢の貫徹も肝要である。筆者は，面接者のこうした姿勢が少年の内省を深めると考える。

イ　行動規制（約束事）について

少年の行動化に対する対応として，行動規制が挙げられる。具体的には，試験観察（家庭裁判所が保護処分を決定するために必要なとき，決定をもって終局処分を一時保留し，暫定的に，相当の期間，少年を家裁調査官の観察に付するとの措置）中の遵守事項として，家庭裁判所あるいは家裁調査官と少年が，幾つかの約束をし，少年の行動を規制する。例えば，深夜徘徊や不良交友をしない，学校や仕事に休まず通う等，守らなければ，より厳しい処分に付される可能性があるとの裁判所の権威を背景とした規制である。しかし，筆者の経験では，特に再非行を繰り返す少年においては，この種の遵守事項は守られないことも多い。そうした経験を繰り返す中で，筆者は「遵守事項を破ること自体が，少年の行動化なのではないか」と考えるようになった。それ以来，再非行を繰り返す少年等との遵守事項を考える際は，行動を直接規制するのではなく，自身の行動への考察の促進に主眼を置くように努めている。「守れるかどうか」よりも，「どのように取り組むか」を問う事項と言ってもよい。

以下は，駅前のロータリーで同じ歳の知人から数千円を恐喝した少年のケースである。この少年には，暴走，万引き，原付盗など様々な非行行動が見られ，背景に，年上を中心とした広い交友関係の影響が窺えた。試験観察になった時点で，少年も自分の交友関係の問題は自覚していた。少年には，「特定の者との交友の禁止」ではなく，親しいと考える人に「一番大切と考えているものは何か」を尋ね，毎回の面接でその結果を報告することを求めた。少年は，面接の度に一人分ずつ，先輩や彼女ら等の話を報告したが，試験観察中には再非行はなく，最後には「質問の答えを聞いているというより，その人のことを聞いているように思った」との感想を述べるようになった。この約束（行動規制）により，少年は，自分の質問に誠実に対応してくれる人，くれない人の双方と接触し，自分の交友等についての考察を深めることになった。結果的に，非行に繋がる交友を整理するとの効果が表れた事例である。遵守事項を定める場合には，「破る」との安直な行動化を起こさせない配慮と，少年の自己決定力を育む気遣いが重要である。

ウ　好循環の促進

　少年の非行行動には，少年の資質，家族の状況，学校（職場）の状況，交友関係等が連鎖的に関係している。各要因の影響関係は，円環的認識を用いると分かりやすいが，円環的に循環している要因の中に，さらに円環して循環している要因がある，あたかもフラクタル図形のような構造になっている。そうした諸要因やそれぞれの関係，循環の状況を明確にし，どのレベルのどこに介入するかを検討していく。それが，処遇のターゲットを明確にすることに繋がる。

　処遇のターゲットの明確化では，その少年への支援が家庭裁判所の中で可能なのか，あるいは保護観察所，少年院等の処遇機関が扱うべきものかを考える必要がある。家庭裁判所が得意とするのは，非行行動に繋がらない要因の抽出とその促進や，非行を抑止する要因で形成されてはいるが機能していないものの抽出及びその機能の回復の促進である。

　また，非行を抑止する要因の回復との意味では，保護者らのエンパワーメントも重要だ。非行行動をした少年の保護者の多くは，少年の非

行は自分たちにも責任があり，少年の非行により，自分たちの養育が否定されたように感じている。この状態の保護者から少年の非行の原因や家庭の状況，少年の生い立ち等を聞き出そうとすると，たとえ面接者にその意図はなくても，保護者に改めて責められている様に感じさせてしまう。些細なことだが，面接時の保護者の有り様，つまり「自身を責めている態度」を受け入れることが，保護者の自信の回復や，これまでの養育方法や少年との関係の見直し，ひいては再非行の防止に繋がる。

　同級生に誘われ，原付を使ってひったくりをした少年がいた。それまで非行行動はなかったが，少年の乳児期に母親と離婚し別居した父親から半年程前に突然連絡を受けていた。この母子は，それまではかなり密接な関係にあったのだが，少年が一度父親に会って以来，父親の話題を含め，会話を殆どしなくなっていた。少年は，夜間外出，友人宅への宿泊，高校の欠席を繰り返し，遂には遊ぶ金欲しさからひったくりに加担した。試験観察において，この少年には，家庭裁判所にある面会交流の冊子や絵本等を読んで感想文を書くことを求め，母親にはそれを読むように促した。少年は，冊子や絵本のひとつひとつに思いのほか長い感想文を書いたが，そこに母親を責める言葉はなかった。感想文を読んだ母親は「少年がここまで考えているとは思っていなかった」「少年を見る目が変わった」と述べた。その後母子は会話を取り戻し，少年は父との面会交流を開始した。事件後少年は高校を自主退学していたのだが，他の高校に復学した。

　この少年のケースのように，非行行動には，落ち着きのない行動，口うるさい保護者，学校への不適応，不良交友等が連鎖的に関係していることが多いが，それらの要素ひとつひとつを詳細に解明し，どれを処遇のターゲットとするのか，どの行動を促すか，どの機能の回復を促すか等を検討し，支援を行っていく。

⑵　面接過程を離れて行う支援（集団型教育的措置）

　各家庭裁判所は，面接過程以外にも，心理教育等を背景にデザインされた様々な働きかけ・支援のプログラムを備えており，少年や家族らの

問題性や特性に応じ，多くは集団で行われている。例えば，被害者の視点を取り入れた「万引き防止講習」，社会の一員であることの自覚の醸成等を目指す「地域清掃活動」，親教育等を目的とする「保護者の会」等である。これらの集団型教育措置は個別の面接と合わせて実施され，双方の効果を上昇させ得ると考えられている。

4 おわりに

　本稿では，家裁調査官が，社会的包摂的な意識を持って職務に当たることの重要性について，取り上げた。筆者は，社会的包摂を意識することで，ダブルロールの問題点を解消する可能性があると考える。

　また一方で，家裁調査官には，少年の自由意思，自発性，自律性を尊重して支援すると同時に，少年を評価し処遇の決定に関与するとの役割がある。つまり，少年や保護者にとって家裁調査官は権威を持った存在であり，その役割自体に，社会的包摂を阻害する別の要素が内包されている。このため，家裁調査官の働きかけに対し，反省の態度を示すだけに終始する少年も少なくない。本稿で取り上げたケースでも，行動規制からの行動化が生じていなかったのは，実は，そうした家裁調査官の権威が背景に働いていたからかもしれない。しかし少なくとも，取り上げた行動規制の実施が実効性のある結果をもたらしたのは，上述の通りである。社会的包摂の考え方とは矛盾するが，家裁調査官は，対応する少年，保護者に，家裁調査官の権威がどのように影響しているのか，少年との関係はどのようであるかを常に見極め，その権威を支援に活かすことも検討し続ける必要がある。家庭裁判所における支援の特徴のひとつは，そこにあると考えている。

文 献
村尾泰弘　2010　非行犯罪臨床における家族支援．日本家族心理学会（編）家族心理学年報28　家族にしのびよる非行・犯罪―その現実と心理援助．金子書房．

丹治純子・柳下哲矢　2016　少年審判における家庭裁判所調査官の社会調査の実情について―少年の更生に向けた教育的措置を中心にして．家庭の法と裁判，7，23-30．

豊臣亮輔・羽生康二　2020　家庭裁判所における保護者への働きかけ．家庭の法と裁判，26，4-10．

植田智彦・黒田　香　2016　少年審判の運営の実情．家庭の法と裁判，7，13-22．

．

薬物依存症者に対する心理社会的治療法

覚醒剤依存症者を中心に

横谷謙次

1　司法矯正領域における薬物依存症者

　覚醒剤受刑者は日本の刑務所受刑者全体の約25％を占める（法務省法務総合研究・法務総合研究所，2004）。また，覚醒剤取締法違反で受刑した者は，5年以内に再犯する確率が約35〜40％とされている（法務省法務総合研究・法務総合研究所，2004）。これらのデータは覚醒剤取締法違反の受刑者が，日本の受刑者の多くを占めていることを示している。

　日本の刑務所は，覚醒剤取締法違反の受刑者に対しては治療ではなく，作業という罰を課してきており，その傾向は現在でも確認し得る（菊田，2016）。しかし，近年の刑務所は再犯を防止するための教育を促す場所としても捉えられており，日本でも覚醒剤取締法違反の受刑者に対する教育が刑務所施設内（Yokotani & Tamura, 2015）や刑務所外（法務省法務総合研究・法務総合研究所，2016）で行われるようになってきている。ここでは覚醒剤依存症者に対するエビデンスに基づいた理解と治療法を説明する。なお，嗜癖障害という言葉が近年使われているが（American Psychiatric Association, 2013），本稿では依存症という言葉を用いた。

2　薬物依存症者の治療者が陥りやすいミス

　治療者は薬物依存症者の再発症状の出易さ（McLellan et al., 2000）というのを忘れやすく，そのために薬物依存症者に多大な負荷を与え，面接を失敗させることが臨床現場で数多く見られるので，それを予め指摘しておく。

　まず，薬物依存症者が薬物を再使用したり，もしくは，面接に来なかったりすることはいずれも薬物依存の症状である（American Psychiatric Association, 2013）。間違っても個人の特徴ではない。これらの症状を患者個人の特徴と捉える治療者は，「実は，先週薬を使ってしまったんです」と言った患者に対して「（再発した）患者さんにはやる気がない。底つき（何もかも失ってしまう経験）が足りない」と言ってしまう。しかし，これは症状の観点から言えば明らかに誤りである。風邪を引いた人がその症状として鼻水や咳が出た場合，そういった症状に対して「鼻水を出すな」という治療者はいない。まして，「肺炎にならないとこの人は良くならない」という治療者もいない。したがって，再発した場合，必要なのは，叱責ではなく，治療である。この点を見誤ると，薬物依存症者への治療は決してうまくいかない。実際，治療者の叱責が患者の再発リスクを高めてしまうことは古くから知られている（Magill et al., 2018）。

3　薬物依存症者への心理療法

　さて，薬物依存症者に対する心理療法は，動機づけ面接法が有効であることが示されており（DiClemente et al., 2017），日本の受刑者に対してもエビデンスが確立されている（Yokotani & Tamura, 2015）。そこでここではそのエビデンスと治療法を説明する。この研究では，受刑者を無作為に治療を受ける群（手紙のみ 6 回）と受けない群（治療無し）に分けた後，彼らの犯罪歴を出所後約 3 年半追跡した（図 1 の A）。その

結果，動機づけ面接法を受けた群は受けていない群と比べて，薬事再犯リスクが低いことが分かった（図1のB）。また，治療を受けた群は，犯罪リスク全般のリスクも低いことが分かった（図1のC）。これらは動機づけ面接法によって，覚醒剤に関するその他の犯罪も抑制された結果と言える。

　動機づけ面接法では，受刑者が覚醒剤を止めるような発話を促す。そ

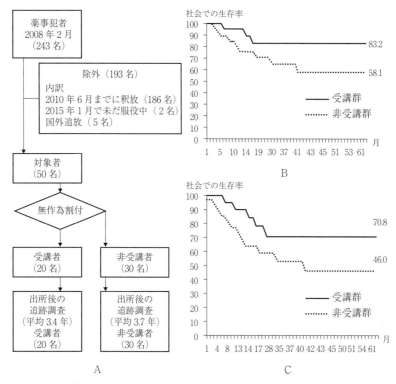

図1　薬物依存症者に対する心理療法の効果（無作為化統制実験）

(Yokotani & Tamura, 2015)

注：A．無作為化統制実験のデザイン。
　　B．受刑者が薬事再犯をしなかった期間（縦軸は薬事再犯をしないパーセント。横軸は出所後に社会で生活していた期間（月単位））。
　　C．受刑者がいかなる犯罪もしなかった期間（縦軸は再犯をしないパーセント。横軸は出所後に社会で生活していた期間（月単位））。

の方法は至って単純で，覚醒剤の使用と否定的な感情が紐づいている発話（例えば「覚醒剤を使ってても刑務所に入っただけで何も良くは無かった」）と覚醒剤の不使用と肯定的な感情が紐づいている発話（例えば「覚醒剤を使ってないときは，妻や子どもとも会えて結構幸せだった」）を特定し，その発話を促すのである（Yokotani & Tamura, 2014）。促し方は，単純にその内容について興味を持っていることを示し，「もっと話してください」とコメントを返すだけである（Magill et al., 2018）。もちろん，これら以外の発話も多数出てくるが，上記のこの2点を出来るだけ多く抽出し，その発話を多くするのがポイントである。

この面接によって，覚醒剤を止めることのメリットと覚醒剤を使用することのデメリットが受刑者の中で認識されるようになる。この発話が依存症者の再発防止と関連することは古くから指摘されており（Amrhein et al., 2003），短期間でも効果が出ることが確認されている（Roy-Byrne et al., 2014）。本研究もその1つである。なお，発話例とその対応例は表1に示してある。より詳細な手法については下記のサイト（https://yokotaniresearch.wixsite.com/psychoinformatics）の「薬物依存症者へのソリューションフォーカストアプローチ」で確認し得る。

表1　動機づけ面接法で着目する患者 (cl) と治療者 (th) の発話

	肯定的感情		否定的感情	
薬物使用を止める話題	cl「覚醒剤を使ってないときは，妻や子どもとも会えて結構幸せだった」	th「特に幸せと感じた場面は？」（同じ話題の発話を促す対応）	cl「薬を止めるとムシャクシャする」	th「仰る通りですね」（感情は受容しつつ，最小化）
薬物使用を続ける話題	cl「薬を使うと最高の気分になる」	th「今（受刑中）も最高の気分ですか？」（感情は受容しつつ，最小化）	cl「覚醒剤を使ってても刑務所に入っただけで何も良くは無かった」	th「何が良くなかったですか？」（同じ話題の発話を促す対応）

4 薬物依存症者への社会調整法

薬物依存症者に対する社会調整法も重要であり，薬物依存症者を元薬物依存症者で，かつ，薬物を止め続けている人と交流させることによって薬物依存症者の再発リスクが低下することが示されている（Gottfredson & Exum, 2002）。これらは Drug Court や治療的共同体として有名であり，日本でも実践されている（毛利・藤岡, 2018）。

これらの治療メカニズムは，習慣の社会的感染の観点から理解できる。まず，習慣は人づてに伝播する（Centola & Macy, 2007）。ここでポイントなのは，1人の習慣が直接他人に感染するのではなく，複数の人が同一の習慣を行っていることによって，他人に感染するということである。例えば，喫煙の場合，1人の友人の喫煙習慣が感染するのではなく，複数の友人の喫煙習慣が感染することが知られている（Christakis & Fowler, 2008）。面白いことに，直接会う人（社会的距離が1）だけでなく，その人の知り合い（社会的距離が2），その知り合いの知り合い（社会的距離が3）でも，喫煙習慣が感染することが知られている。

同様のことは，習慣を止めた人にも当てはまる（Yokotani, Under review）。例えば，元ギャンブル依存症を対象にした研究では，3年以上止めている人が友人，もしくは友人の友人にいれば，その人も3年以上止める確率がそれぞれ23%，7%ずつ上がることが示されている（図2）。つまり，ある人が習慣を止めた人と多く接するようにすることで，その人自身も習慣を止めやすくなると言える。

これらの結果はいずれも喫煙やギャンブルであり，覚醒剤依存症を直接ターゲットにしたものではないが，全て依存症に該当するため（American Psychiatric Association, 2013），同様のことが覚醒剤依存症者にも当てはまると推察し得る。したがって，出所後の覚醒剤依存症者の社会調整法に関しては，覚醒剤依存症者と接する機会を出来るだけ減らす一方で，覚醒剤を止め続けている人たちと接する機会を出来るだけ多く持つ，ということに要約できる。

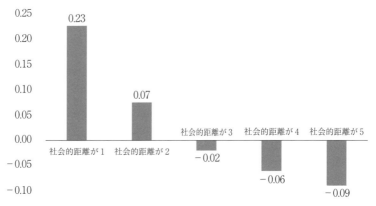

図2　3年以上ギャンブルを止めている人が友人にいた場合に，当人も3年以上ギャンブルを止める確率

注：社会的距離が1は直接面識のある友人。社会的距離が2はその友人の友人。社会的距離が3はその友人の友人の友人。

5　薬物依存症者の心理社会的治療法

　薬物依存症者は脳の構造さえも変容させてしまう疾患であるが，治療効果が示されている心理療法（Magill et al., 2018）と社会調整法（Gottfredson & Exum, 2002）は存在する。日本の心理療法で言えば，依存症者が薬物を止めたくなるような発話を促し，薬物を続けたくなるような発話を最小化することによって，期待し得る治療効果は得られるだろう（Yokotani & Tamura, 2015）。また，社会調整法で言えば，薬物を止め続けている人との交流を続けるように促し，かつ，薬物を使用し続けている人との交流を最小化することによって，期待し得る治療効果は得られるだろう（毛利・藤岡，2018）。これらのエビデンスに基づいた心理社会的治療を行うことによって，薬物依存症者本人及びその家族の苦悩と悲嘆を少しではあるが確実に減らすことができるだろう。

参考文献

American Psychiatric Association　2013　*Diagnostic and statistical manual of mental disorders* (DSM-5®). American Psychiatric Pub.

Amrhein, P. C., Miller, W. R., Yahne, C. E., et al. 2003 Client commitment language during motivational interviewing predicts drug use outcomes. *Journal of Consulting and Clinical Psychology*, 71(5), 862-878.

Centola, D. & Macy, M. 2007 Complex contagions and the weakness of long ties. *American Journal of Sociology*, 113(3), 702-734.

Christakis, N. A. & Fowler, J. H. 2008 The collective dynamics of smoking in a large social network. *New England Journal of Medicine*, 358(21), 2249-2258.

DiClemente, C. C., Corno, C. M., Graydon, M. M., et al. 2017 Motivational interviewing, enhancement, and brief interventions over the last decade : A review of reviews of efficacy and effectiveness. *Psychology of Addictive Behaviors*, 31(8), 862-887.

Gottfredson, D. C. & Exum, M. L. 2002 The Baltimore city drug treatment court : One-year results from a randomized study. *Journal of Research in Crime and Delinquency*, 39(3), 337-356.

法務省法務総合研究所・法務総合研究所 2004 犯罪白書〈平成16年版〉 —犯罪者の処遇. 国立印刷局.

法務省法務総合研究所・法務総合研究所 2016 犯罪白書〈平成28年版〉 —再犯の現状と対策のいま. 日経印刷.

菊田幸一 2016 受刑者の法的権利第2版. 三省堂.

Magill, M., Apodaca, T. R., Borsari, B., et al. 2018 A meta-analysis of motivational interviewing process : Technical, relational, and conditional process models of change. *Journal of Consulting and Clinical Psychology*, 86(2), 140-157.

McLellan, A. T., Lewis, D. C., O'Brien, C. P., et al. 2000 Drug dependence, a chronic medical illness : Implications for treatment, insurance, and outcomes evaluation. *JAMA*, 284(13), 1689-1695.

毛利真弓・藤岡淳子 2018 刑務所内治療共同体の再入所低下効果—傾向スコアによる交絡調整を用いた検証. 犯罪心理学研究, 56(1), 29-46.

Roy-Byrne, P., Bumgardner, K., Krupski, A., et al. 2014 Brief intervention for problem drug use in safety-net primary care settings : A randomized clinical trial. *JAMA*, 312(5), 492-501.

Yokotani, K. (Under review) Spread of gambling abstinence through peers' abstinence and comments.

Yokotani, K. & Tamura, K. 2014 Solution-focused group therapy program for repeated-drug users. *International Journal of Brief Therapy and Family Science*, 4(1), 28-43.

Yokotani, K. & Tamura, K.　2015　Effects of personalized feedback interventions on drug-related reoffending : A pilot study. *Prevention Science*, 16 (8), 1169–1176.

医療観察法における家族の役割と支援をめぐる課題

野村照幸

1　医療観察法とは

医療観察法の概要

　「心神喪失等の状態で重大な他害行為を行った者の医療及び観察等に関する法律」（以下，医療観察法）が2003年に成立し，2005年に施行された。この法律は心神喪失または心神耗弱の状態で，重大な他害行為（殺人，傷害，放火など）を行った者に対して，適切な医療と支援を通じて「再他害行為防止」と「社会復帰」を目的としている。重大な他害行為により逮捕された後，不起訴，あるいは無罪の場合に鑑定入院を経て，裁判所が医療観察法の適用を判断するが，適用される場合には入院処遇か通院処遇のいずれかの決定となる（図1）。なお，対象となる者（以下，対象者）の約8割は入院処遇決定となり，入院処遇を経てから通院処遇に移行する。入院処遇は指定された入院医療機関（以下，指定入院医療機関）の医療観察法病棟で行われ，1名の対象者に5職種6名（医師，看護師2名，心理士，作業療法士，精神保健福祉士）による多職種チーム医療が行われる。対象者は薬物療法によって病状安定が図られ，疾病教育や心理教育，認知行動療法，対象行為の内省などの様々な心理社会的プログラムによって自分自身の疾病を理解し，対象行為と疾

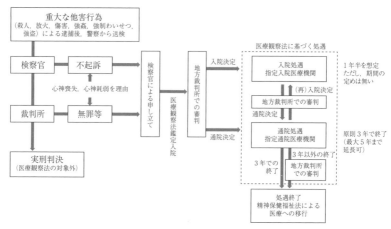

図1　医療観察法の処遇の流れ

病との関連について理解を深めるとともに生活能力や対人関係スキルの向上が図られる（野村，2014）。入院処遇は基本的には1年半を目安に行われ，その後は通院処遇に移行する。通院処遇においても多職種チームによる治療が行われ，基本的に3年を目安に処遇が終了し，その後は精神保健福祉法による医療を継続することになる。なお，医療観察法処遇においては保護観察所の職員である社会復帰調整官が医療観察法鑑定入院から通院処遇が終了するまで必ず関わる。具体的には鑑定入院中の生活環境の調査，入院処遇中の生活環境の調整や支援体制の構築，通院処遇移行後の地域関係者との連絡調整や本人との面談（精神保健観察）等の業務に従事する（図2）。

医療観察法対象者の傾向と処遇状況

厚生労働省（2020）によれば，2005年7月15日から2018年12月31日までに「処遇の要否及び内容を決定する審判手続」の対象者数は3,869名であり，そのうち，入院処遇の決定となった者は3,247名（83.9％），通院処遇決定となった者は622名（16.1％）であった。また，疾患について岡田・河野ら（2017）が行った30の指定入院医療機関に対する調査では，男性1,688名（77.6％）で女性487名（22.4％）であり，圧倒的に男

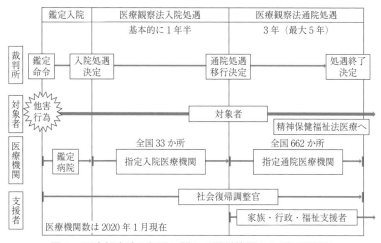

図2　医療観察法の処遇に関わる関係機関ならびに関係者

性が多かった。平均年齢は44.3歳（標準偏差13.7）であり，範囲は20〜91歳であった。主診断は ICD-10 で F2（統合失調症等）が1,742名（80.1％）と突出しており，次に F1（精神作用物質使用による精神及び行動の障害）が152名（7.0％），F3（気分〔感情〕障害）が120名（5.5％）と続き，それらで90％以上を占める。対象行為は傷害（傷害致死を含む）が742名（34.1％）と最も多く，続いて殺人（以下全て未遂を含む）が728名（33.5％），以下，放火が519名（23.9％），強制性行等，強制わいせつが94名（4.3％），強盗が92名（4.2％）であった。

　法律の目的において重要な再他害行為について，松田（2018）は医療観察法入院処遇から通院処遇に移行した対象者において，重大な再他害行為の累積発生率（特定の集団において一定期間内に新たにイベントが発生した人の割合）は2.1％/3年であったと報告している。各国により司法精神医療制度が大きく異なるため，単純に比較することはできないが，海外の類似先行研究や国内の医療観察法施行前の触法精神障害者に関する研究と比較して低水準である。

医療観察法以前の触法精神障害者の処遇と医療観察法処遇の比較

　医療観察法以前の触法精神障害者の多くは精神保健福祉法に基づく措置入院による医療が対応してきた。措置入院と医療観察法とを比較すると，まず1つ目に「医師のみの決定」ではなく，司法が関与する点に大きな違いがある。このことにより，医師の決定に伴う責任が軽減されると共に，医療と司法の双方の立場が関与することが可能になった。2つ目に医療観察法入院処遇では医師もコメディカルスタッフも措置入院に対応してきた従来の精神科医療と比較して豊富に配置され，5職種6名によるチーム医療が可能になった。3つ目に医療観察法入院処遇では十分に時間をかけた薬物療法や多職種による心理社会的な治療が整備された。最後に，措置入院では退院後の患者の医療継続の義務がなかったが，医療観察法では入院処遇を終えると通院処遇に移行する仕組みとなっている。そのため，対象者は通院処遇を終えるまで医療を継続的に受ける義務があり，指定通院医療機関や社会復帰調整官，地域支援者などの支援を受けながら医療を継続できるような体制が整っている。

　このように，医療観察法の処遇は措置入院における様々な課題を改善できる仕組みとなっている。

2　医療観察法における家族

対象者と家族との関係

　岡田・河野（2017）の医療観察法通院対象者に関する調査では対象行為の被害者について，家族・親戚が47.4%と最も多く，その中でも親が多い。続いて他人が35.4%，知人・友人が9.3%（以下省略）という結果を示している。また，被害者となった家族と同居しているのは全体の37.7%であり，家族に対する対象行為を行った対象者の約3人に1人が被害を受けた家族と同居していることになる。また，田口（2015）は通院処遇後に病状悪化によって再他害行為のリスクが高まった対象者について調査し，その中で家族の問題によって症状悪化した事例が含まれることを指摘している。

家族が抱える困難

前述のように，医療観察法において家族が被害者になるケースが最も多く，対象者が被害者である家族と同居するケースもある。このことから，家族においては個々が地域，家族内，対対象者といった対人関係に関する困難を抱えうる。また，家族が病状悪化の要因になる場合もあるため，対象者についての疾病理解や病状・状態に適した対応も課題となる。

(1) 対人関係について

対人関係について，まず地域においては対象行為が生じたことで地域住民の間で噂となり，報道された場合にはその影響が大きく，近隣住民から否定的な言葉を浴びせられたり，嫌がらせを受けたりするような場合もある。そのため，家族は非常に肩身の狭い思いをし，その地域から離れざるを得なくなるケースもある。実際に，ある対象者の家族は郵便受けに「出ていけ」などの嫌がらせの紙が何度も入れられており，精神的な苦痛を持続的に味わっていた。

次に家族内においては，対象者に対してサポーティブに対応しようと考える家族員と拒否的に対応しようとする家族員が現れ，家族内での葛藤が生じる場合がある。あるいは，それまでの関係が良好であったという理由で，その家族員に支援する立場を丸投げされてしまう場合もある。

最後に個人について，特に被害者が親の場合には“親”，“被害者”，“加害者の親”といった複数の役割の中で葛藤が生じやすい。注意すべきは，被害者として負った身体的外傷や精神的苦痛が持続しているにもかかわらず，対象者の支援をしなければならないと考え，“親”としての立場でのみ振る舞ってしまうことである。実際に親は物質的な支援をせざるを得ない部分があったり，子どもの特殊な治療環境を不憫に思ったりして，親の立場で接する場面がある。しかし，そのような状況が継続すると，“親−子”の立場で接することが日常的になり，被害者−加害者の立場で接することが難しくなることが度々ある。このような場合には2つの課題が生じる。1つは特に自宅への退院の方針で進めてきた場合に，親が退院間近になって「実はとても不安なんです」と話し出す

ケースである。これはそれまで物理的距離が離れていたことで目を背けることができていた不安が，退院するという現実が迫ってきた状況で直視せざるを得なくなるためと考えられる。もう1つは対象者が自分の事件を振り返り，家族に与えた社会的，経済的，心理的影響を考える際に被害者−加害者の関係で捉えにくくなることである。特に親が「気にしなくていいんだよ」など，"親−子"の関係から対象者を安心させようと気遣うことで，対象者は対象行為を振り返る際に「もう親は許してくれていますよ」などと考えてしまうことがある。

（2）　疾病理解と対応について

疾病理解や病状・状態に沿った対応については，家族が感情的に関わることで病状悪化することは High E. E. 研究として広く知られている（例えば三野，2001）。感情的になる背景として，病気についての理解が乏しく，どう対応して良いかわからないことがストレスとなっている場合がある。また，これまでの経過の中で家族内での葛藤が大きく，お互いが陰性感情を持っていることもある。

家族に対する対応

（1）　対人関係について

対象者を含めた家族の家族内における対人関係については，家族システムの視点からアセスメントすることが重要である。特に家族と同居する予定の対象者については対象者の病状安定のみならず，家族間のコミュニケーションが悪化のきっかけや促進する要因になりうるからである。その上で，入院処遇中に特に介入する点としては，役割を意識してもらうことである。前述のように，親は"親−子"の関係で接する場面が多くなりやすく，被害者となった場合でも，恐怖心や不安を出さないようにしたり，目を背けたりしながら対象者の支援をしている場合がある。そのため，被害者である親に対して，対象者が加害者としての意識が薄い場合には，親に対して前述のような複数の役割を持っていることを伝えたり，安易に対象行為を気にしないように伝えるような発言をしないでもらうよう理解を求めている。そうすることで，対象者は自分の

対象行為を安易に考えず，治療に向かいやすくなる。

　また，安藤ら（2015）は医療観察法において支援者による被害者となった家族への面接が行われているケースの多くは対象者に関する話題のみであり，家族のケアの話題に触れていたのは3.1％に留まっていたと報告している。こうした数値からも，家族自身へのケアはほとんど行われていないという現状がうかがえる。支援者は"被害者"としての立場を意識し，たとえ"親"として自然に振る舞っているように見えても，被害者としての精神的な苦痛や後悔，恥ずかしさ，悲しみといったことがあるのではないかと配慮しながら関わることが重要である。そういった関わりを通して，「実は今でも帰ってくるのが怖いんです」などの本音を打ち明けてくれることがある。そうした本音が語られないままに処遇が進み，退院前に親が不安を訴えたり，通院処遇が始まってから初めて不安を訴えたりするケースもある。こうした状況を避けるためにも，医療スタッフや社会復帰調整官は家族には複数の役割があることを理解した上で接することが重要である。医療観察法は加害者支援であり，加害者には手厚くサポートがある一方で，被害者に対しては支援が乏しい。このようなアンバランスさについても医療スタッフや社会復帰調整官などの支援者は理解しておく必要がある。なお，いくつかの医療観察法病棟では家族が安心して語れる場として家族会を定期的に開いている。同じ立場の家族を見つけるのは極めて困難であるため，医療観察法病棟が主催する家族会へのニーズは高い。

(2)　疾病理解と対応

　疾病については面会や会議で来院された際に家族教育を行うことが多い。その上で，対象者のこれまでの病状についても教えてもらい，家族が体験した対象者の病状に基づく言動についての理解を促す。しかしながら，疾病理解が促進されれば適切な対応ができるわけではない。症状は個別性が高いため，対象者にあった対応が必要になる。なお，家族が不安に感じるのは「今度，具合が悪くなったらどうすれば良いか」ということである。そこで，医療観察法処遇においては"クライシス・プラン"を作成する。クライシス・プランとは安定した状態を維持するため，

表1　クライシス・プランの例

Aさん　クライシス・プラン

【Aさんの強み・長所】・真面目，思いやりがある，穏やか

【私の今後の目標】★デイケアに継続的に通える　★デイケアの次のステップは就労

状態	自分で気づける状態・症状	周囲が気づける状態・症状	Aさんが行う対処	支援者が行う対処	相談する人
安定した状態	□ストレス解消がきちんとできている □電波が少ない（強さが15％未満）□落ち着いている □規則正しい生活（たまに夜更かしする程度）	□笑顔がある □スケジュールに沿って行動できる □規則正しい生活 □清潔面が整っている（着替え，風呂，歯磨きなど）	□通院・服薬を欠かさず行う □気分転換をする（散歩，音楽，読書など）	□セルフモニタリングを確認 □生活リズムを整える援助 □通院・服薬の確認 □ストレスとその対処の確認	◇◇訪問 Ns 通院の時に Dr と
注意状態（前駆症状）	□いつもより電波が強い（15～20％）□落ち着かない □0時を過ぎても眠れない □薬に対して不信感を持つ	□身だしなみが乱れる（風呂の回数が減るなど）□怒りっぽくなる（口調が強くなる）□お金を一気に1,000円以上飲食に使うようになる □時々予定されていたことを休むことがある	□軽い運動をする □ベッドで休む（休養を取る）□部屋から出て過ごす □呼吸法	□運動を勧める □対処法を確認する（休養をとる，楽しみすぎない程度に音楽を聴くなど）□追加薬を勧める	①◇◇訪問 Ns 必要に応じて ②病院スタッフ 日中：△△PSW 夜間：当直師長
要注意状態	□電波が強くなる（21～60％）□周りが敵に見える □気持ちの余裕がなくなる（「～しなければ」「～にやられる」など考えるようになる）	□薬を飲まなくなる □周囲が敵に見えると話す □言葉や行動が乱暴になる	①ベッドで横になって音楽（カーペンターズの静かめの曲）を聴く ②呼吸法 ③相談する ④不穏時薬を使う ⑤臨時の受診	□運動を勧める □対処法の確認 □不穏時薬を勧める □生活リズムを立て直す □臨時の受診を勧める（自力で行けない場合には同伴する）	【すぐに相談】①◇◇訪問 Ns ↓ ②病院スタッフ 日中：△△PSW 夜間：当直師長
入院を検討する状態	□電波が非常に強い（60％以上）□消えたい気持ちが強くなる □生活リズムが乱れる（昼夜逆転，不食）	□生活リズムが乱れる（昼夜逆転，不食）□危険な行動をとる（火を使うようになる）□「死にたい」と言うようになる	□相談する（消えたい気持ちが出てきたら必ず連絡する）②不穏時薬を使う ③臨時の受診（入院を検討）	□不穏時薬を勧める □臨時の受診をする（場合によっては入院を検討）	
病状悪化時の希望	①医療スタッフに希望すること □刺激の少ない場所に行かせてほしい □受診したい ②避けたい薬や治療 □○○という薬は勧めないでほしい	③以前病状安定に役立ったこと □運動を勧めてほしい ④入院が必要なタイミング □電波が60％より強くなったら □消えたいと思うようになったら	注意ストレスとストレス対処 良い状態を保つために役立つこと	【気を付けた方がいいストレス】□苦手な人と話をすること，疲労しすぎること 【ストレス対処】□タバコ，CD，飲食，本（ゲーム系），運動 【良い状態を保つために役立つこと】□CD，タバコ，ジュースが買えるだけの金銭的余裕 □環境やスケジュールの変更は充分話し合い，変更する場合は段階的に少しずつ変えていく	同意した人 担当医療チーム ○○Dr ◇◇Ns □□CP △△PSW ご家族 デイケア ●●Ns

また病状悪化のサインや悪化した際に適切に対応するため，対象者と支援者双方の対処・対応をまとめた病状管理計画書である（表1）。表1のクライシス・プランを作成した対象者は統合失調症の病状が悪化し，自宅を放火し，医療観察法入院処遇となった。しかし，様々な薬物療法や心理社会的治療を行っても“電波を感じる”という症状が残存し，その電波が自分に対して影響を与える度合いによって行動に影響が出ていた。対象行為もそうした電波によって「死んでしまえ」というメッセージを受け取り，放火に至った。クライシス・プランでは対象者と話し合い，電波の強さを中心に，病状の段階を支援者と観察（モニタリング）しながら，自己対処や支援者が対応するプランを作成した。

　このように，入院処遇中から対象者と医療スタッフ，家族や退院後の地域支援者，社会復帰調整官とともに退院後に状態・病状の段階に応じた対象者の自己対処と支援者による対応を話し合い，クライシス・プランを作成する。退院後の支援体制において実行可能な内容であることが重要であり，家族が抱え込まなくても良いように配慮する。クライシス・プランによって，家族が対象者と病状の話題をしやすくなるなど，協働的な病状管理が可能になる。入院処遇中の生活の中で，また外泊訓練などの機会に活用しながら加筆・修正を行い，実行可能な内容に仕上げていく。

3　まとめ

　医療観察法において，家族は対象行為という衝撃を親や加害者の家族として，場合によっては被害者として体験することになる。多くの家族，特に親は対象者の支援者としての立場で医療スタッフや対象者と接することが多いが，そのような役割は意識的，あるいは無意識的にとっていることから，支援者は家族の心情に配慮するとともに，対象者の治療を促進するための働きかけを行う必要がある。また，特に自宅に退院する対象者については，退院が近づくことで家族には大きな不安が生じる。そのため，どのようなタイミングでどのような支援をするべきかを具体

的に準備することが重要であり，そのためにクライシス・プランを，家族を含めた支援者と対象者とで意見を出し合いながら作成を行い，積極的に活用する中で加筆・修正を行うことが望ましい。

　医療観察法における医療スタッフは加害者支援を行う立場であるが，社会復帰調整官と協力しながら，家族の状況やシステム，対象者の治療への影響を考慮しながら関わっていくことが求められる。

引用文献

安藤久美子・中澤佳奈子・岡田幸之　2015　精神障害を有する加害者の家族のメンタルヘルス―医療観察法における家庭内事件に焦点をあてて．精神保健研究，28（通巻61），31-35.

厚生労働省　2020　医療観察法の地方裁判所の審判の終局処理の状況．http://www.mhlw.go.jp/stf/seisakunitsuite/bunya/hukushi_kaigo/shougaishahukushi/sinsin/kettei.html（アクセス日，2021年1月7日）

松田太郎・平林直次・立森久照ほか　2018　医療観察法における，新たな治療介入法や，行動制御に係る指標の開発等に関する研究指定入院医療機関退院後の予後に影響を与える因子の同定に関する研究．平成29年度総括・分担研究開発報告書，15-29.

三野善央　2001　精神分裂病と心理教育．臨床精神医学，30(5)，459-465.

野村照幸　2014　一般精神科医療への医療観察法に基づく医療の応用―クライシス・プランによる疾病自己管理と医療の自己決定．臨床精神医学，43，1275-1284.

岡田章之・河野稔明・安藤久美子　2017　2章　医療観察法における指定入院医療機関モニタリング調査研究／3章　医療観察法における指定通院医療機関モニタリング調査研究医療観察統計レポート（2017年版）．国立精神・神経医療研究センター精神保健研究所司法精神医学研究部．7-54.

田口寿子　2015　医療観察法対象者の社会復帰促進要因・阻害要因は何か？司法精神医学，10(1)，36-44.

性暴力被害者と家族の支援

西岡真由美

はじめに

　昨今，性暴力被害というものがようやく社会的に認知されつつある。

　2017年10月にアメリカで起こった #MeToo 運動は，翌年日本にも広がり，それまで声を上げることができなかった性暴力被害者たちが次々に自身の被害を告白・告発した。2019年4月には，同年3月に相次いだ性被害への無罪判決に抗議するため，フラワーデモが行われ，その運動はコロナ禍のなかで形を変えながらも今も続いている。世論の高まりもあり，2020年6月に日本政府は性暴力対策の強化方針を打ち出した。

　性暴力は，「魂の殺人」と呼ばれるほど，被害者の心身を深く傷つけ，尊厳を踏みにじる行為である。にもかかわらず，近年になるまで，様々な理由により社会はこの問題をしっかりと受け止めることはなく，被害者は傷つきを長年抱えたまま，泣き寝入りをせざるを得ないことが多かった。まだまだ被害者の声が十分に掬い上げられているとは言い難いが，今は少しずつ潮目が変わりつつあるように感じている。

　本稿では，まず性暴力被害について概観し，次いで性暴力被害者とその家族への支援を，筆者自身の性暴力被害者ワンストップセンターでの活動経験も参考にしながら，考えていきたいと思う。

1　性暴力被害の実態

　ここでは，性暴力を「望まない性的な言動」と定義づけたうえで，論を進めたいと思う。性暴力とは，具体的には，暴行・脅迫による同意のない性交に限らず，職場や学校・地域や家庭内での関係性を利用した同意のない性的行為（セクシュアル・ハラスメントや性虐待，性的DV等），ポルノ出演や売春強要等の性的搾取，盗撮や痴漢行為のような同意なく性的自由を侵害するもの等が挙げられる。内閣府の調査（内閣府男女共同参画局，2018）によると，これまでに無理やりに性交等された経験のある女性は7.8％，男性は1.5％との結果がある。また，他の調査では，言葉で性的な嫌がらせを受けたり，性器を見せられたりといった様々な形態を含む性暴力被害の被害率は，女性は約70％，男性は約20〜30％にのぼることが明らかになっている（日本性教育協会，2019：野坂，2004：笹川ら，1998, etc.）。

　刑法における性犯罪となると，構成要件がより厳格になる。2017年，110年ぶりに性犯罪に関する刑法が見直され，それまで女性のみが被害者として想定されていた「強姦罪」が「強制性交等罪」に改められた。そして，男性や性的マイノリティなど，女性以外でも被害者となり得るという点を示した。しかし，刑法の強制性交等罪は，加害者が暴行・脅迫をした場合に限られ，準強制性交等罪は被害者が抵抗できない状況にあることが適用の条件であり，被害届の受理すら断られるということも実際には起こっている。2019年度に強制性交等罪として警察に認知された件数は1,405件である（法務省，2020）。しかし，前述の内閣府の調査によれば，性暴力被害に遭い，警察に相談した被害者は全体でわずか3.7％であった。また，全く知らない人からの被害は11.3％に過ぎず，暗数も多いのが実態である。

2　性暴力被害と二次被害

　前述の内閣府の調査によると，無理やりに性交された場合の相談先について「どこ（だれ）にも相談しなかった」と答えた割合が女性では58.9%，男性では39.1%であった。理由として，女性は「恥ずかしくてだれにも言えなかったから」（55.4%），男性は「どこ（だれ）に相談してよいのかわからなかったから」（44.4%）が最多であった。性暴力被害は，性という非常にデリケートな領域に関わる被害であり，社会の中にも性を語ることのタブーが存在するため，被害を誰かに打ち明けたり相談したりすることに困難を伴う。また，被害者は，自身の身の上に起こったことを「性暴力」「被害」であると認識しづらく，そのために通報や相談が遅れて被害が潜在化しやすいとも言われている（齋藤，2020）。

　上記にも関係しているが，性暴力に対する社会の無理解が，被害者の声を上げにくくしていることも事実である。社会には，「レイプ神話」と言われるものが存在する。女性に関しては，「嫌だ嫌だも好きのうち」「男性の性欲はコントロールできないものだから，隙を見せた女性が悪い」「抵抗すれば強姦は防げる」等（小西，1996），男性に関しては「男性は性被害に遭わない」「加害者（被害者）は同性愛者である」「抵抗しない男性は，その行為を望んでいる」等（Gartner, 1999）があるが，このような間違った思い込みが被害者を苦しめる。被害者自身も，このようなレイプ神話を内面化していて，被害を認識しても「自分も悪い」と自責感を持ち，なかなか他者に相談できないところがある。打ち明けた相手から「合意があったのだろう」と言われたり，被害者の落ち度を責めるようなことを言われたりする。家族や友人，警察や医療機関等，被害を打ち明けた相手や被害を知った他者の言動でさらに傷つけられることを二次被害と呼ぶが，被害そのものよりも，二次被害の方がつらかった，と感じる被害者も存在する。社会の持つジェンダー規範もこのレイプ神話に影響している。女性は従順であれ，男性は能動的で強くあ

れ，等のジェンダー規範ゆえに，声を上げることで社会から排除される恐れも感じてなかなか声を上げにくい現状があり，被害者を孤立化させている。

3　性暴力被害の影響

　性暴力被害は，被害者の心身に重大な影響を及ぼす。妊娠や性感染症罹患の可能性，肛門や生殖器の外傷といった身体への影響に加え，精神的なダメージとしてはまず，急性ストレス障害（ASD）と，心的外傷後ストレス障害（PTSD）が挙げられる。また，うつや不安神経症などの精神疾患，アルコールや物質の乱用などの行動上の影響，自殺率の増加なども報告されている（WHO, 2012）。

　男性が被害を受けた場合，特有の混乱が生じることが多い。例えば，性的な行為に合意していなくても性器を触られ勃起や射精が起こった場合，「自分も望んでいたのではないか」と自身の反応に対しても混乱し，相手も「気持ちいいと思っていた」と勘違いする。実際には，性的な反応は恐怖や怒りなどを感じても起こりうる。また，男性が加害者であり，被害者に性的反応があった場合，「自分は同性愛者なのか」などのセクシュアリティの混乱を招くことがある（Gartner, 1999）。

　ハーマン（Herman, 1992）は，「外傷的事件は自己の積極的価値を破壊し，創造された世界の意味ある秩序性を破壊する」と述べ，「離断」と名付けているが，性暴力被害に遭うことで，被害者はそれまで持っていた自己・他者・社会とのつながりが破壊されたように感じる。自分を責めたり，「自分は汚れてしまった」というように自分自身に対するイメージが変化したりすることで，自尊心の低下がもたらされ，侵入症状や解離症状に表される，心と体がばらばらであるような感覚は日常生活をままならないものにする。そして，周囲と自分の間に壁ができたり，未来が制限されたりする（松本，2020）。

　被害者は，思いもかけない出来事が自身に降りかかり，混乱の中，このような状態になることで「自分はおかしくなってしまった」と感じる

こともある。しかし，それは異常な事態の中での当然な反応であり，時間の経過とともに自然と収まってくることも多いと説明することで，自己の状態を受け入れられやすくなる。

　また，性虐待は，性的なことを十分に理解できない時期に起こり，子どもは No と言えない関係の中で性的な行為を強要されたりする。性虐待は，監護者のみならず年長の兄や姉（従兄，従姉含む）などが加害者となる場合もあるが，一般的なスキンシップから始まることが多かったり，最初は意味を理解できなかったりして被害児自身でも被害を認識することが難しい。しかし，性的虐待は，子どもの根本的な安心感を脅かす，極めてトラウマになりやすい出来事である。子どもの場合は，おねしょや頭痛などの身体症状，性化行動，再演といった症状が出やすく，青年期に入ってからの物質乱用や摂食障害などを招きやすいと言われている（白川，2020）。

4　性暴力被害者への支援

　まずは被害者の安全を確保するため，緊急避妊薬の内服や性感染症の検査，外傷等の治療を行う必要がある。また，現在被害者が安全な場所にいるのかどうかの確認も必須である。

　性暴力被害者の支援を 1 か所で行える場として，性犯罪・性暴力被害者のためのワンストップ支援センター（以下，ワンストップセンター）がある。2010年に日本で初めて性暴力救援センター・大阪 SACHICO ができて以来，内閣府の方針もあって，2018年10月には，全都道府県にワンストップセンターが設置された。ワンストップセンターでは，被害直後からの総合的な支援（産婦人科等の医療，相談・カウンセリング等の心理的支援，捜査関連の支援，法律的支援等）を可能な限り 1 か所で提供することにより，被害者の心身の負担軽減，健康回復，被害の潜在化防止を図る。都道府県により，提供できる支援の内容は異なるが，筆者が所属している京都府のワンストップセンターでは，電話相談をはじめ，医療機関への同行支援や，警察・法律相談への同行支援，公費カウ

ンセリングの紹介，関係機関への連絡調整を行っている。被害者自身が
調べてワンストップセンターにつながることもあるが，存在を知らない
場合もあるので，周囲の者が被害を察知したら，ワンストップセンター
について情報提供したり，まずは周囲の者が相談したりすることも有益
な選択肢として考えられよう。

5　性暴力被害からの回復

　このように，性暴力被害者の支援においては，心理的な支援と同時に
ケースワーク的な支援が必要なことも多いが，この節ではこころの回復
という面について考えたい。もっとも，性暴力からの回復とひとことで
言っても，被害内容や加害者との関係，被害時の年齢など一人一人異な
り，個別性も高いものであるので，一概に述べられることではない。し
かし，共通して現れることの多い事項もあるので，それを中心に述べて
いきたいと思う。

　性暴力被害の大きな特徴の1つに，被害性の認識のしづらさがある。
「性暴力」というと，見知らぬ人から暴行を受けたり脅されたりして無
理やりレイプされる，というようなイメージを持つ人も多いが，実際に
は，職場の上司や同僚，大学の先輩などの顔見知りからの被害がほとん
どであるし，関係性の中で断りにくい形に持っていかれて被害を受ける
（「エントラップメント型」（齋藤，2020）），ということがかなり多い。
被害者は，出来事の後，激しい混乱と「汚れてしまった」という思いや，
戸惑い，怒りや後悔など様々な感情を抱く（出来事そのものが圧倒的す
ぎて，受け入れられずに解離することもある）。しかし，自分を責めた
り，身の上に起こった出来事が「性暴力」のイメージに合わず，その出
来事を表す言葉が見つからなかったりして，混沌とした感情のまま一人
で抱え込んでしまうことも多い。

　そのような特徴があるので，もし被害者が支援を求めて相談に来た際
には，まずはその方の気持ちをしっかり受け止めたうえで，加害者との
関係性や状況等を整理しながら，「あなたは悪くない」ということを伝

える。ただ，一方的にそのメッセージを伝えても，被害者に言葉が届かず，支援する側の思いが先行してしまう恐れがある。性暴力は，「私」という主体に暴力的に侵入される行為であり，主体を脅かされるものであるので，回復の段階においては，被害者自身の思いや自己コントロール，尊厳を尊重することが求められる（Herman, 1992）。そして，レイプ神話のことなども伝えつつ，「それは性暴力である」と定義する。被害性を認識することで，被害者の感じている生きづらさの理由が見えてきて，対処行動を取るなどの自己コントロールを発揮しやすくなる。また，ASD や PTSD などの症状について心理教育することで，被害者の自己理解が促進される。

　性虐待や，配偶者やパートナーからの，または被害者が従属的立場にある場合の繰り返される性暴力のケースでは，安心と安全感の確保が難しいことも多い。まずは被害者自身が少しでも怯えずにすむような場を作り，信頼関係を構築し，そのうえで混乱した人生史の修復を行っていく（白川，2020）。

　また，性暴力被害に起因する PTSD への有効な治療法として，認知行動療法や，PE（Prolonged Exposure Therapy：持続エクスポージャー療法），CPT（Cognitive Processing Therapy：認知処理療法），EMDR（Eye Movement Desensitization and Reprocessing：眼球運動による脱感作と再処理法），子どもに対しては TF-CBT（Trauma-Focused Cognitive Behavioral Therapy：トラウマフォーカスト認知行動療法）も推奨されている。

6　性暴力被害者と家族

　筆者自身は，まだまだ経験が少ないながらも，性暴力被害者に対して心理士として個人心理療法を行っている。しかし，ワンストップセンターでの支援員としての関わりにおいては，家族や援助者が関係してくることも度々ある。この節では，性暴力被害者と家族の関わりについて述べようと思う。

性暴力被害は，家族にとっても大変ショッキングで，受け入れ難い出来事である。家族が否認したい気持ちや行き場のない怒りを感じて「なぜ加害者について行ったのか」「なぜ逃げなかったのか」など，被害者を責めるような反応をしてしまうこともある。家庭内で起こった性暴力の場合は，家族はさらに厳しい立場に立たされる。性虐待の場合の非加害親は，「第二の被害者」とも言われ，罪責感・恥の感情・悲しみと喪失感・裏切られ感・加害者や被害児への両価的な感情を抱くことが多いとされる（McCallum, 2001）。同時に被害児を守る責任も有する。実際には，そのように相当困難な状況の中，何とか被害児を守り回復を求めて懸命になる非加害親の方も多数おられるが，被害者が家庭内での性暴力をやっとの思いで打ち明けても，「なにそれ？」と聞く耳を持たなかったり，「そんなことがあるはずがない」と信じようとしなかったりする非加害親や家族も存在する。一番身近にいる家族からそのような反応をされると，被害者は打ちのめされた気持ちになり，他者への信頼感を失う。そうして，被害者の孤立無援感は強まっていく。このようなことを可能な限り防ぐために，支援者は，家族の抱く様々な気持ちを受け止め，性暴力は加害者に責任があること，被害者を責めないでほしいこと等を伝える。そして，被害者と家族双方のエンパワーメントを行う。

　時に，家族や援助者が加害者に対して被害者以上に怒りや処罰感情を持つことがある。特に，被害者に知的障害などの何かしらの障害があり，コミュニケーションを取ることが難しい場合や，家族内でのパワーバランスに偏りがあり，被害者の意見が聞かれにくい場合などにこのようなことが起きやすいように思う。家族の気持ちにも焦点を当てつつも，被害者の回復においては，被害者の自己コントロールを取り戻すことが重要であるため，まずは「答えを出さない」ことも含む被害者本人の気持ちを尊重した関わりが大切であると考える。

7　まとめ

　性暴力についての社会の中の認知度が高まり，意識も変わっていく中

で，臨床現場で性暴力被害に触れることも多くなっているのではないかと思う。本稿では，性暴力被害の実態やレイプ神話と呼ばれるもの，性暴力被害の及ぼす影響や回復，被害者と家族への支援について述べた。被害者にとって，性暴力被害は決して一時点で完結するものではなく，程度こそ人によって違えど，人生全体に影響を及ぼすものである。被害からの回復には，家族や援助者との関わりのあり方も大きく関係するため，家族や援助者に対する，心理教育やケースワーク的な支援も大切である。また，社会全体の性や性暴力に対する認識を確かなものにするため，啓発活動や性教育も大変重要であると考える。

引用文献

Gartner, R. B.　1999　*Betrayed as boys : Psychodynamic treatment of sexually abused men*. The Guilford Press : New York.［宮地尚子ほか(訳)　2005　少年への性的虐待—男性被害者の心的外傷と精神分析治療．作品社.］

Herman, J. L.　1992　*Trauma and recovery*. Basic Books : New York.［中井久夫(訳)　1996　心的外傷と回復．みすず書房.］

法務省　2020　令和2年版犯罪白書.

小西聖子　1996　犯罪被害者の心の傷．白水社.

McCallum, S.　2001　Nonoffending mothers : An exploratory study of mothers whose partners sexually assaulted their children. *Violence Against Women*, 7 (3), 315-334.

松本衣美　2020　第8章 被害の影響—ゆるやかにつづく，死にたい気持ち．斎藤　梓・大竹裕子(編著)　性暴力被害の実際—被害はどのように起き，どう回復するのか．金剛出版.

内閣府男女共同参画局　2018　男女間における暴力に関する調査（平成29年度版）.
https://www.gender.go.jp/policy/no_violence/evaw/chousa/h29_boryoku_cyousa.html（2020年12月17日取得）

日本性教育協会(編)　2019　「若者の性」白書 第8回 青少年の性行動全国調査報告書．小学館.

野坂祐子(研究代表)　2004　高校生の性暴力被害実態調査．女性のためのアジア平和国民基金.

斎藤　梓　2020　第3章 罠にかける加害者—エントラップメント，第7章 被害認識の難しさと自責感—わたしは被害者なの？　斎藤　梓・大竹裕子(編著)　性暴力被害の実際—被害はどのように起き，どう回復するのか．

金剛出版.

笹川真紀子・小西聖子・安藤久美子ほか　1998　日本の成人女性における性的被害調査. 犯罪学雑誌, 64(6), 202-212.

白川美也子(監修)　2020　子どものトラウマがよくわかる本. 講談社.

WHO　2012　Understanding and addressing violence against women. https://apps.who.int/iris/bitstream/handle/10665/77434/WHO_RHR_12.37_eng.pdf（2020年12月17日取得）

少年鑑別所における家族支援

阿 波　亨

はじめに

　本稿では，少年鑑別所とはどのような業務を行っている施設であるか
を説明した上で，少年鑑別所における家族支援について述べる。ただし，
筆者が全国の少年鑑別所における家族支援について承知しているわけで
はないので，ここでの家族支援についての説明は，あくまで筆者の個人
的な考えや経験に基づくものである。

1　少年鑑別所とは

少年鑑別所の業務

　少年鑑別所は，昭和24年の少年法及び少年院法の施行により発足した，
法務省所管の国の機関である。現在は平成27年に施行された少年鑑別所
法に基づいて業務を行っており，各都道府県に少なくとも1庁，全国に
本所と分所を合わせて52庁設置されている。少年鑑別所の業務は，①鑑
別，②観護処遇，③地域社会における非行及び犯罪の防止に関する援助
（以下「地域援助」という）である。少年鑑別所における家族支援は，
最後の地域援助という業務の中で行っている。

鑑別

　少年鑑別所における鑑別とは，家庭裁判所や保護観察所の長などの求めに応じて，専門的知識及び技術に基づき，その非行または犯罪に影響を及ぼした資質上及び環境上問題となる事情を明らかにした上，その事情の改善に寄与するため，適切な指針を示すことである。鑑別の対象となるのは，家庭裁判所の調査または審判を受ける者，保護処分の執行を受ける者，それに20歳未満の受刑者（懲役または禁固）である。鑑別の対象者は，少年鑑別所に収容している者であることが多いが，収容していない者の鑑別を行うこともある。

観護処遇

　観護処遇とは，鑑別を除いて，少年鑑別所に収容している者に対する取り扱いの全てである。観護処遇の原則は，少年鑑別所法第20条で「在所者の観護処遇に当たっては，懇切にして誠意のある態度をもって接することにより在所者の情操の保護に配慮するとともに，その者の特性に応じた適切な働き掛けを行うことによりその健全な育成に努めるものとする。」と定められている。少年鑑別所では，この原則にのっとり，在所者が健全な社会生活を営むことができるように，生活態度に関し必要な助言及び指導を行ったり，学習の機会を提供したりしている。

地域援助

　地域援助では，少年鑑別所が有する少年非行等に関する専門的知識やノウハウを活用し，地域社会における非行及び犯罪に関する各般の問題について，少年，保護者等からの相談に応じるほか，関係機関・団体からの依頼に応じ，情報提供，助言，各種心理検査等の調査，心理的援助，研修・講演等を行うなど，地域社会や関係機関等のニーズに幅広く対応している（法務省法務総合研究所，2020）。地域援助には，このように，個人からの相談に応じる援助と機関・団体からの依頼に応じる援助がある。なお，地域援助を行うとき「法務少年支援センター」という名称を使用するものとされているが，少年だけを支援の対象としているわけでは

ない。

地域援助で相談に応じる範囲

　地域援助として相談に応じるのは、「非行及び犯罪に関する各般の問題について」であり、相談の内容が、それらに該当しないことが明らかなときや、専門的知識や技術を必要とするものでないことが明らかなときなどは、地域援助として受け付けないことができるとされている。しかし、現時点では非行や犯罪と言えなくても、少年の飲酒や喫煙や深夜徘徊などの不良行為など、そのまま放置すれば非行や犯罪につながりかねず、我々の専門的知識や技術が必要とされる問題については、多くの少年鑑別所が相談に応じているはずである。また、児童虐待に関する相談にも応じている。

2　地域援助における家族支援

地域援助の実際

　家族を支援するとすれば非行等をした子どものことで親からの相談に応じるというのが典型例だと思われるので、地域援助をどのように行っているかについて、子どもの非行等で困っている親の相談に応じる場合を想定して説明する。援助の形態として、電話によるものと対面によるものがあり、援助の仕方として、その子どもに働き掛ける、親に助言する、親の見方を変える、の3つがあると考えているので、この後で、それぞれについて説明する。用語について、ここまで少年鑑別所と表記してきたが、地域援助を行うときは法務少年支援センターの名称を用いるので、以後は法務少年支援センターまたは単にセンターと表記する。また、相談の内容が非行なのか犯罪なのか不良行為なのか、厳密に区別する必要はないので、ここではそれらをまとめて非行等と呼ぶこととする。

　なお、筆者個人としては、良循環の拡張や悪循環の切断を考えるブリーフセラピー（若島・長谷川，2000）や変化することへの動機を強化する動機づけ面接（Miller & Rollnick, 2013）が地域援助の役に立つと考

えているが，相談にはこのように応じるようにとの全国統一のマニュアルがあるわけではない。ここでの説明は，最初に述べたように，あくまで筆者個人の経験や考えに基づくものである。

援助の形態
(1) 電話

法務少年支援センターは電話相談を専門とする機関ではないが，相談者が何らかの事情で来所できないときや，今すぐ相談をしたいというときなどは，電話で相談に応じることもある。日頃対面で仕事をしているセンター職員にとって，突然かかってきた電話に出て，互いの表情やしぐさが分からず非言語的コミュニケーションをとれない中で対応するとなると，勝手が違うところがある。それでも，相談者の話に耳を傾け，相談者の苦労をねぎらい，相談者に，センターに電話したのは間違いではなかった，自分の判断は正しかったと安心してもらうことはできる。

(2) 対面

電話では相談を受け付けるだけで，その後相談者に改めて来所してもらい，対面で援助を実施することも多い。この場合，担当者はあらかじめそのつもりでスケジュールを調整し，落ち着いて対応することができる。また，電話であれば通常は1対1の対応となるところ，対面の場合は来所するのが相談者1人とは限らないし，センターの方でも状況に応じて複数名で対応することがある。このような違いはあるが，相談者の話に耳を傾け，それまでの苦労や努力をねぎらい，センターに相談して良かったと相談者に安心してもらうという，基本的な対応の仕方は同じである。

援助の仕方
(1) 子どもに働き掛ける

親が，専門家の指導によって非行をやめさせたいとして，子どもを連れてきた場合は，親の期待に応えるために，子どもに働き掛ける。実際に，親から「悪いことをしたらこういう所に入れられるというのを子ど

もに分からせてほしい」などと言われることがある。そういうときは，子どもを脅かすようなことにならないように気を付けながら，少年司法の手続きについて丁寧に説明する。それ以外に，行動の変化を促すために，子どもと面接をすることもある。

(2) 親に助言する

親から子どもへの対応の仕方についての助言を求められたら，助言をする。といっても，親のやり方を否定したり，自分の考えを押し付けたりするような助言や提案は受け入れられないであろう。どのように助言するか，決まったやり方はないが，それまでの解決努力を聞き，コンプリメント（DeJong & Berg, 2013）した上で，例外（うまくいった対応）があればそれを繰り返すように提案をするとか（良循環の拡張），例外がなければ思い切ってそれまでとは違う対応をしてみることを提案する（悪循環の切断）というのが効果的だと考えている。

(3) 親の見方を変える

問題についての親の見方を変えることで，何とかやっていけそうだという見通しを親が持てるようにするという援助の仕方もある。センターに相談に来る親が，育て方が悪かったのかと悩み，何をやってもうまくいかないなどと打ちひしがれていることがある。そういうときは，それまでの親の努力をねぎらい，その努力のおかげで問題がその程度に収まっていること，何をやってもうまくいかなかったのではなく，うまくやれていることもあるのだと気づいてもらうことが大切だと考えている。

3 地域援助で何を目指すか

子どもの非行等をなくす

我々が子どもの非行等をなくすことができれば，親も喜んでくれるであろうし，非行及び犯罪の防止に関する援助を行う我々としてもうれしい。方法としては，先に述べた①子どもに働き掛ける，②親に助言する，の2つが考えられる。

①のやり方については，先の「援助の仕方」のところで述べたとおり

である。相談者である親の期待に応えるために子どもに働き掛けるのであるが，子どもはたいてい親についてきているだけで，必ずしも自分が変わろうと思っているわけではない。変わる気のない子どもに助言して何かをやめさせるとか，行動を変えるというのは難しい。そういう子どもへの「助言」については，「君も何度もここに来たくはないだろうから，子どもをここに連れてこなくても大丈夫だと親に思わせればいいと思うが，君が何をすれば親にそう思わせられるだろう」と尋ねるなどの工夫が必要となる。また，自分に問題はない（変わる必要はない）と言いながらも，実は，このままではいけない（変わりたい）という気持ちも抱いている，つまり両価的であるなら動機づけ面接を行って，変わろうという気持ちをさらに引き出し，変化を促すことも考えられる。それ以外に，例えば，親が学校の紹介で相談に来ているときなどは，学校と連携して子どもに働き掛けることもあり得る。

　②については，これも先に述べたように，子どもへの関わり方への助言を求められたら，親に対してコンプリメントしながら対応することが考えられる。しかし，親が，問題は自分ではなく子どもにあると思っていて，我々に子どもを変えてもらおうとして子どもを連れてきているときには，つまり，助言を求められていないときは，親に対して助言や提案をしても受け入れてもらいにくい。とはいうものの，少なくとも親は「解決すべき問題がある」と思っているので，親のこれまでの対応に問題があると考えていると受け止められないように気を付けながら，親として今できることをしてもらうように働き掛けることはできる。

親に安心してもらう
（非行等はあっても何とかやっていけると思ってもらう）

　法務少年支援センターの業務が非行及び犯罪の防止に関する援助であることを考えると，非行をなくすことを目指すべきであるが，絶対に非行等をしないように人間を操ることはできないので，非行等があっても何とかやっていけると親に思ってもらうことが有効な援助である場合もある。先ほども述べたように，親は，何をやってもうまくいかなかった，

どうしようもない，などと絶望的な気持ちになっていることもある。しかし，実際は，何とかやってきているわけなので，そのことに気づいてもらうことで，これからもやっていけると思ってもらえる。根拠もなく「なんとかなりますよ」と言うのは良くないが，地域援助で相談を受ける非行等の内容は，困って相談に来られた親には申し訳ないが，我々にとってはたいていの場合は「軽微」であるから，「うまくやれている」というのは我々にとっては本音である。親が困っている問題を軽く見るつもりはないし，将来のことは保証できないが，少なくともその時点では「うまくやれている」と本心から言えるのである。

　なお，親が子どもをセンターに連れて来ている場合は，子どもは親の言うことを聞く（親の期待どおりに行動する）ということである。そして，そういう親子関係にある場合は，子どもの行動は非行にまでは至っていないことが多い。仮に非行があったとしても，それが発覚した後に親をはじめとした周囲の人の介入により，すでに非行が収まっていることが多い。我々からすると，親がうまく対応したり，子どもが自発的に行動を修正したりして，問題はすでに解決済みである。そういうときは，なおさら，親にうまくやれていることに気づいてもらうことで，親に，これからもやっていけると思ってもらえる。

4　対応に苦慮するとき

　1つは，「子どもの非行等をなくす」ことも「親に安心してもらう」こともできそうにないときである。例えば，それまで問題を起こしていなかった子どもが学校で問題を起こし，驚いた親から相談があったような場合である。問題が発覚した直後は周りも警戒するだろうし，本人も自重するだろうから，相談があった時点で非行等がなくなっていることが多い。そうなると，我々が「子どもの非行等をなくす」ことはできない。そして，親の見方が「うちの子は安心！」から「うちの子は大丈夫か？」に変わったばかりのときに，それをもう一度ひっくり返して「親に安心してもらう」ことは難しい。ましてや，問題が盗撮などの性的な

ものであったなら，親は「うちの子はこれからも性的な問題を起こすか
もしれないが，それでも何とかやっていける」とは思えないだろう。も
う1つは，親が，子どもの非行等についての心配よりも，そこに関わっ
ている学校の対応に不満を示しているとか，妻が夫の関わり方に不満を
示しているときである。こういうときは，これは果たして「非行及び犯
罪の防止に関する援助」なのかと戸惑うことになる。いずれの場合も，
少なくとも，センターに相談しても無駄だったという思いを抱かせない
ように，むしろ，相談して良かったと思ってもらえるようにしたいと考
えている。部屋に入ってきたときの表情より出ていくときの表情の方が
良いことが最低達成目標である（森，2015），目の前の人たちが元気に
なっていく，そういう援助ができれば，それで良い（若島，2011）とい
うブリーフセラピーの考え方は，地域援助で我々が何をすべきかを考え
る上で参考になる。

文　献

DeJong, P. & Berg, I. K.　2013　*Interviewing for solutions, Fourth　Edition.*
　Brooks/Cole. Cengage Learning : Boston, MA. ［桐田弘江・住谷祐子・玉真
　慎子（訳）　2016　解決のための面接技法〈第4版〉―ソリューション・
　フォーカストアプローチの手引き. 金剛出版.］
法務省法務総合研究所　2020　令和2年版犯罪白書.
Miller, W. R. & Rollnick, S.　2012　*Motivational interviewing : Helping people
　change, Third Edition.* Guilford Press : New York. ［原井宏明（監訳）　2019
　動機づけ面接〈第3版〉上・下. 星和書店.］
森　俊夫　2015　ブリーフセラピーの極意. ほんの森出版.
若島孔文　2011　ブリーフセラピー講義―太陽の法則が照らすクライアント
　の「輝く側面」. 金剛出版.
若島孔文・長谷川啓三　2000　よくわかる！ 短期療法ガイドブック. 金剛出
　版.

司法裁判における専門家証人

生田倫子

専門家証人とは

　専門家証人とは，専門家，たとえば医師や科学者などが，事件に関連する自分の専門的な意見を法廷で話すものである。筆者はこれまで２件，弁護側証人として地裁で証言を行った。おそらく事件に関して心理学的に解説する専門家証人は珍しく，どのようなありかたで臨むのかはなかなかわからないようである。よって，以下，私が経験した業務に関してご紹介することとする。

　ちなみにこの原稿執筆にあたり弁護士に確認したところ，事件や法廷で証言した内容の詳細，また本原稿に執筆した内容は法廷で一般に公開されたもので，新聞等マスコミにも掲載されており守秘の必要なしとのことであった。しかし，以下加工して記載することとする。

専門家証人を依頼されるプロセス

　私は家族療法／ブリーフセラピーの専門家として，家族間で起こった殺人未遂傷害事件，および殺人事件における動機解明を被告人の弁護士に依頼された。傷害事件の被告人は，頭が真っ白になって夢中で犯行を

起こしており，殺意があったことを認めていた。殺人事件の被告人は，殺害は全面的に認めつつ，動機がわからないという供述を繰り返していた。警察聴取や弁護士等も，考えられる動機を追及したが，本当に動機がわからないと繰り返したのである。

　おそらくここの警察聴取のところで，被告人が警察側が推察した動機に同意していたら，動機解明のための専門家証人は登場することはない。私が関わった事案の被告人は，非常に真面目というか適当さがないというか，自分でもどうして家族を殺害したのか腑に落ちる感覚を得たいと思っており，もっともらしいストーリーにはガンとして同意しないという強い意志を持っていた。

　ところで殺人事件において，このように動機がわからない場合でも全て専門家証人が必要とされるわけではない。しかし，家族間の殺人事案では，被害者遺族＝加害者家族であり，処罰感情も低いことが多く，裁判の焦点に関して，刑の重さよりも動機解明の比重がより増えるようである。というのも，このような裁判はマスコミで多く報道されるため，世間の関心も動機に向きがちであり，裁判の判断としても動機について何かしらのストーリーを展開することが一番に期待されているからであろう。

「ありのままの分析」と「弁護」の間

　弁護側の専門家証人を引き受ける際，「被告人が動機がわからないと述べているのは，解離などの防衛機制による可能性もある。動機解明するうちに強い殺意に気づくなど，弁護側に不利な要素が出たらどうしますか」と弁護士に確認した。すると「ワイドショーでも大きく注目され，警察も検察も弁護士も本人自身も動機がわからずにいる事件です。弁護というのは量刑を軽くするだけではなく，真実を明らかにし被告に罪の直視を促すのも仕事ですから，弁護に有利不利は一切考えず，ありのままで」と言われた。

　よって，筆者は「量刑の増減への忖度」を気にすることなく，この業

務に取り組むこととなった。このあたりは，担当弁護士の考え方による
ところが大きいように思う。結局のところ裁判における「弁護」の実績
の本質というのは，「類似案件の通常量刑」からどれほど刑を差し引け
たか，であるので，量刑を下げることが弁護の目的になる。もう1件の
方の傷害事件の案件では，「量刑を割り引けること＝勝利」という雰囲
気を感じたので，殺人事案の方の弁護士はそのような風潮に反するポリ
シーをお持ちだったのかもしれない。

専門家証人の業務プロセス

1）　まずは警察で聴取された内容，また弁護士が持つ膨大な資料を読
　　み込み，事件の詳細を理解する。聞き取り時に嘘を言われるかもしれ
　　ないため，矛盾していることも理解できるように読み込んでおく。
2）　実際に現地に赴き，被告人と殺害された家族の人物像を良く知る
　　人物，配偶者や友達，兄弟姉妹，親戚などに話を聞いた。皆，気持ち
　　がまとまっておらず感情的になることもあるため，なだめたり雑談等
　　の休憩を取りながら1人2時間程度，兄弟姉妹はもっと長時間の聞き
　　取りを行った。
3）　周囲から聞き取ったたくさんの証言について，そのピースを弁護
　　士と一緒に時系列にまとめ整理した。その作業を経て，留置所にて被
　　告人本人の面接に臨んだ。1日目午後3時間，2日目午前3時間，午
　　後3時間，計9時間の聞き取りを行った。1日目は，事件から遠い周
　　辺の話から始め，殺害に関する核心部分は2日目の午後に集中して聞
　　き取りを行った。この聞き取りの回数や日時は，自由に行ってよいわ
　　けではなく，すべて裁判所の判断許可のもと行われる。よって，聞き
　　取りはこの2日間のみで，その後本人と会うのは，法廷でということ
　　であった。
　　　被告人には，インタビューが終わった1日目と2日目の終わりそれ
　　ぞれで，「よくも悪くも，当時のことを自分の心が封印してかさぶた
　　を作っているものです。このインタビューでは事件当時の心境に直面

することになり，かさぶたをはがすわけですから，強い動揺や気分の落ち込み，また自殺願望などが出てくることがあります」と，本人にも，付き添いの刑務官にも説明を行った。

4） 周囲の人や被告からの聞き取り調査から得られた情報から，意見書の執筆を行う（A4で15枚ほど）。周囲や被告人の言葉（事実）と，心理学の観点からの（考察）は完全に分けることを意識して書いていった。この意見書の作成にあたり，論理的な整合性など，弁護士からの指摘があって，その点を修正する作業があった。正直なところ，弁護士がこだわるところは私には理解できず，私がこだわるところは弁護士が理解できない，などの噛み合わない部分はあるのだが，それが専門性の違いというものなのだろう。弁護士が法廷に臨むための「論理的な整合性」というのは，非常に微細な点にもおよび，少しでもほころんではならないという感覚は鋭敏であった。

5） 上記の意見書は，弁護士経由で検察などにも提出されるようで，それを読んだ検察から，意見書にある心理学的な概念のレクチャーを求める依頼があった。弁護側からみると，検察は「敵」であるのだが，弁護士からは「丁寧に説明してください」と言われた。よって，担当検事が私の勤務する大学に遠路来て，3時間程度丁寧に説明を行った。

6） 意見書をもとに，裁判で提示する資料（パワーポイント）を作成した。この資料は，裁判官や検事などの司法の専門家のみならず，一般市民から選ばれた裁判員や傍聴席の一般人にもわかりやすい必要があるとのこと。これが一番大変であった。私が用いた解説はダブルバインドなど，非常に専門的な説明であり，これでは法廷で裁判員どころか裁判官にも難易度が高過ぎるとのこと。本当に一般人にもわかりやすくイラストで説明したスライドを作ることに時間がかかり，弁護士にも手伝ってもらうというプロセスがあった。おそらく，弁護士も裁判員を念頭に置き，言葉選びをいかに平易にするかということに腐心しているようであった。

7） 証人を行う裁判当日，弁護士が入念に打ち合わせをしたがった。どうやら私が裁判官との質疑応答でフリーにトークすることが怖いら

しい。結局，私が述べることは推論であって事実ではない。つまりど
こまでも不確定であるにもかかわらず，裁判にとって重要な証言と期
待されるプレッシャーがあった。しかし，動機というのは本人もわか
らない状態なのだし，結局は私が作り上げる仮説に依存する。それで，
被告人の刑期が決まるということに腹をくくるしかない。

8） ある人がいなくなれば楽になるのにと思うことと，実際に殺すと
いうのはだいぶ異なる。ある意味，強烈なギアチェンジが起こらない
と実際の殺人には至らない。この事件では，第一段階の「親がいなく
なれば楽になる」と思うだろうということはまとめられたが，同時に
この被告人と親は「非常に仲が良く」情が深い関係であった。よって，
どうしてその殺人にいたるギアチェンジが起こったのかという核心が
詰められていなかった。しかし，弁護士は第一段階の説明で十分であ
るというのである。

9） ギアチェンジ，その結果としての殺人のことを考え続けているう
ちに，なぜその凶器を選んだのか，なぜその角度から殺したのか，な
ぜこの親から殺したのか，どんな気持ちで逃げたのか，被告人の心に
ダイブするような心境にもなっていった。裁判が近くなったころ，運
転していると，殺害後に逃げた被告人の気持ちが乗り移る感覚があり，
飛び降りることも首を吊ることもできずに，大きな鉄球が車に落ちる
のを願いながら死を求めてさまよっている心境になった。大きな意味
で家族殺しではなく「一家心中」であるという仮説が当てはまると
思った。この仮説を弁護士に伝えたところ，裁判当日にそのインスピ
レーションを使うのはやめてほしいとのことだった。もう，スライド
資料は提出してあるのだし，その内容で十分であるとのことで，私も
同意した。

10） 裁判当日，被告人と会うのは，インタビューの時以来で被告人自
身も私が作成した内容を知らないため，裁判で初めて聞くことになる
らしい。法廷には，マスコミや家族など傍聴席は満席である。そこに，
縄でつながれた被告が入ってきた。それを見て，家族が声を殺して泣
く声が聞こえる。罪人となるのはこういうことか，と実感する。専門

家証人の発言の番となり，宣誓をして，資料を基に説明をした。ダブルバインド理論を用いた難しい説明であったが，裁判官も裁判員も身を乗り出して真剣に聞いていた。

11）　裁判官を中心とした質疑応答に移ったが，最後に主裁判官が「殺害にいたる心境の説明はわかったが，結局のところ先生のご見解では，犯罪の根本的な殺害動機は何でしょうか」と質問された。その“本当に真の動機が知りたいのだ”という様子から，つい「私は一家心中が動機だと思っています」と口走ってしまった。弁護士をチラッとみると，2人とも（ゲッ）という顔をしている。裁判長は，なるほどとうなずいていた。

12）　続いて被告人が証言台に立ち，事件の事実確認が終わり，その後専門家証言について，その説明は当たっているのかどうか確認が行われた。前述したとおり，被告人への聞き取り日程は裁判所の決定により限られており，作った資料も本人には説明していない。そうすると，納得いかなければ同意しない性格である被告人が，専門家証人の内容に納得するかどうかわからないというリスクがあった。しかし，「一家心中というのは，自分でもそう思っていなかったが，今言われてみたら確かにそうかもしれないと思った。専門の先生は，よく自分の気持ちがわかったなと思いました」と述べた。

13）　終了後，弁護団から，「正直，先生が裁判官との質疑応答で一家心中と口走った時には終わったと思いました。でも，その後検事が攻撃を仕掛けてこなかったこと（戦意喪失していたのかもしれない），被告人が同意したこと，あと，裁判官の雰囲気が良さそうだったので，胸をなでおろした」と言われた。私の証言は，弁護士にとってリスクをはらんだものだったようだ。検事に戦意があったら，どう攻撃されたのだろう。

　おそらくこのあたりに，今後も動機解明の手段として，臨床心理の専門家が使われることは少ないかもしれないという理由が推測される。弁護士にとって，法廷で戦うための「お作法」を共有していないというところであろう。

苦労した点，忘れられない言葉

　殺害が起こった家族関係は「濃密な親密さが円環するシステム」，「家族の情愛や温和な日常を保つために殺すしかない，逃げることができない」という心理状態だった。検察は「殺すくらいなら，なぜ逃げなかったのか」という攻め方をしてきたが，傷害事件の被告人も，今回の殺人事件の被告人も家族から「逃げる」という選択肢は思いつきもしないような2人であった。

　拘置所で聞いた被告人の忘れられない言葉がある。「明日母を殺すと決めた夜，母と一緒に食べた夜ご飯は久しぶりに穏やかな気持ちで食べることができました。とりとめのない雑談が楽しかった」。この時はじめて被告人の涙を見た。

警察少年サポートセンターにおける一回型の協働的／治療的アセスメント

橋本忠行

警察少年サポートセンターとは

　各都道府県の警察に設置される少年サポートセンターは，少年非行の防止と健全育成を目的に1998年より設置が進められた。そこでは「非行の入口となり得る不良行為を早期に認知すること，非行少年，不良行為少年及びその家族に対して早期の指導・助言を行うこと，少年の規範意識の形成を促すこと，少年非行等に対する社会全体の問題意識を醸成することが重要である。また，少年が犯罪等により被害を受けた場合には，被害少年及びその家族に対し，早期の支援を行うことが重要である」（警察庁，2001）とされ，通報や補導を通して地域の非行少年の窓口となる警察において，家族も含めた早期支援のシステムが構築されている。例えば香川県警察では，①街頭補導活動，②少年相談活動，③継続補導・立ち直り支援活動，④広報啓発活動，の４つが業務になっている。

　筆者は2016年より，上述③の立ち直り支援活動に含まれる「香川県警察親子カウンセリングアドバイザー（以下，アドバイザーと略す）」に委嘱され，非行少年と家族の心理的アセスメント，そして心理的支援を行ってきた。警察からの依頼内容は大きく分けて２つで，１つは心理検

査や面接等による少年の生育歴や特性，非行要因，非行深度等の調査分析，もう１つは警察で事案を担当する専門職員へのコンサルテーションである。担当専門職員（以下，専門職員と略す）には，大学で心理学，教育学，法学等を修めた職員，あるいは少年非行の現場で長年経験を重ねた職員も多く含まれ，その面接力，つまり対象者と信頼関係を築きながら事実関係や本音を確認する力は高い。筆者がはじめて委嘱を受けた時には，「公認心理師・臨床心理士であるアドバイザーには，面接だけではわからないことを教えてほしい」と依頼されたくらいである。

　こういった依頼内容や期待に応えるために，筆者は協働的／治療的アセスメント（Collaborative/Therapeutic Assessment）（Finn et al., 2012）の理論と方法を，香川県警察少年サポートセンターでの心理的アセスメントに取り入れている。本稿ではその実践を紹介するとともに，司法・犯罪分野における「個」と家族支援のあり方を検討したい。

協働的／治療的アセスメントについて

　協働的／治療的アセスメントを簡単に説明したい。日本ではここ10年ほどで注目されるようになった新しい心理的アセスメントの実践で，その本流はフィン（Finn, 2007/2014）の治療的アセスメント（Therapeutic Assessment）にある。治療的アセスメントは心理的アセスメントと心理療法の統合モデルで，心理検査結果へのフィードバック面接を積極的に活用し，「クライエントが自分自身や対人関係について新しい考え方を学ぶ」「得られた理解を生活で活かせるように支援する」ことを目的としている（Finn & Tonsager, 1997）。

　固有名詞として大文字のTA（Therapeutic Assessment；治療的アセスメント）と表記される時には，6 〜 8 回のセッションで実施される半構造化された一連の手続きを示す。一方，小文字の ta（therapeutic assessment；治療的なアセスメント）と表記される時には「アセスメントが実りある経験となり，患者や患者の生活に関係のある人たち（家族，治療者，雇用者など）に肯定的な変化を生み出す一助となる」こと

を査定者が望むような，心理アセスメントの態度を指している（Finn, 2007/2014）。そこで特に後者のパラダイムを幅広く捉えた時に，協働的／治療的アセスメント（Finn et al., 2012）という用語が用いられるようになった。

　フィンは，協働的なアセスメントに必要とされるのは「アセスメントのさまざまな局面にクライエントを引き入れるための多大な努力である」とし，その例に(a)アセスメントを行う理由を組み立てる，(b)テスト時の反応と行動を観察する，(c)それらの反応や行動の意味について理解する，(d)役に立つ意見を提供する，(e)最後に要約の文章をまとめるなど（Finn, 2007/2014）を挙げている。開業心理臨床から生まれた，一連の半構造化された手続きとしての治療的アセスメント（TA）をさまざまな現場に応用する際に，欠かせない視点である。

警察少年サポートセンターでの協働的／治療的アセスメントの態度

　このように協働的／治療的アセスメントでは，査定者がクライエントを尊重して関わると同時に，「アセスメントのさまざまな局面にクライエントを引き入れる」，つまりクライエントの側にも協働が促される仕組みが備わっている。その端緒が「アセスメントの問いを立てる」ことで，治療的アセスメント（TA）（Finn, 2007/2014）のステップ1「初回面接」では「これから一緒に心理検査を進めるにあたって，何か知りたいことや気になることはありますか？」というクライエントへの問いかけから対話が始まっていく。

　しかしながら司法・犯罪分野での心理的アセスメントでは，必ずしも対象者（ここでは非行少年）が心理検査を望んでいるわけではないことも多い。香川県警察少年サポートセンターでは，必ず保護者の同意を得た上で親子カウンセリングの予約がなされる。したがって保護者が心理検査から「知りたいこと」，典型的には「どうして非行を犯してしまったのだろうか」「子どもの気持ちがわからない」に類した問いであるが，

そのようなかたちでの心理的アセスメントへのレディネスは予約当日までに多少なりとも高まっている。しかしながら少年自身は，親子カウンセリングで「何をされるのか」「何を尋ねられるのか」「心理検査でどう答えればよいのか」といった不安を抱えたまま連れて来られることが多い。不安が昂じ，心理検査用紙を前に文字通り「固まってしまった」少年さえいた（橋本，2018）。そのため，どういう目的でこの心理的アセスメントがなされようとしているのか，少年本人へわかりやすく説明し，家族の文化や風土を踏まえながら励ます必要がある。具体的には，以下のような言葉かけを工夫する。

- 今日は来てくれてありがとう。親子カウンセラーで心理士の橋本です。A君の強みや苦手なところについて，心理検査を一緒に進めながら考えて，立ち直りのお手伝いをしたいと思っています。
- 何か「これからこうなったらいいなあ」と思うことはあるかな？
- 心理検査は学校のテストとは違って，人と比べるためにやるわけではありません。A君のA君らしさを丁寧に理解したいと思っています。
- 自分の特性を知っておくのは，今回の非行を繰り返さないことの他にも，学校や生活のいろんな場面で役に立つと思うよ。
- 名誉挽回の方法をA君と一緒に考えたいんだ。そのために知りたいことがあったら教えてほしい。

中学生の非行少年と話していた時，「名誉挽回」という言葉を聞いて，顔を上げた少年が数名いた。そもそも自転車を盗んだ，親の財布からお札を抜いた，性的な逸脱行動を起こしたなどの非行事案が明るみになることは，少年と家族にとって恥の体験である。恥は社会的かつ複雑な感情で，未解決のまま放っておくと「自分の悪事が学校でも噂になっているかもしれない」「世間に顔向けできない」という恐れからの不登校・引きこもりや，反対に「俺に恥をかかせやがって」という怒りからのさらなる行動化にもつながりやすい。

そのため警察少年サポートセンターでの心理的アセスメントは，特に恥に対して敏感であるべきであろう。そして同時にその機会が少年や家

族にとって，社会的に評価され／ラベルを貼られ／疎外されたような体験をもたらすのではなく，むしろ恥を癒すプロセスとなることが立ち直りのためには大切だろう。

一回型の協働的／治療的アセスメントの開発

さてその実際であるが，香川県警察少年サポートセンターでの親子カウンセリングは，基本的に短期療法の構造をもっている。限られた資源を有効活用し，多くの家族にこの機会を利用してもらうためにという理由である。同時に，委嘱されたアドバイザーによる調査分析やコンサルテーションと，それを受けた警察内の専門職員による立ち直り支援を区別する，というシステム上の意図も背景にある。したがって，アドバイザーの筆者がカウンセリングをいつまでも継続することはない。

この構造を踏まえ，筆者は一回型の協働的／治療的アセスメント（Single session Collaborative/Therapeutic Assessment）を開発し，その実践を試みている。これは超短期型の治療的アセスメント（Ultra-brief Model of Therapeutic Assessment）（Saeger & Schaber, 2017；Finn, 1996/2007）を基にしており，「アセスメントの問いを立てる」「標準化された検査を実施する」「アセスメント介入でこれまでとは違った対処を試みる」「フィードバック面接を行う」「わかりやすい報告書を作成する」という治療的アセスメントの骨組みを，およそ2時間半から3時間の面接で行うものである。場所は各地の警察署内で，面接室を2室用いている。香川県警察少年サポートセンターにおける一回型の協働的／治療的アセスメント（Single Session C/TA）の流れを，表1にまとめた。

いくつか補足をしたい。専門職員の「特別依頼事項」というのは，親子カウンセリングをアドバイザーに依頼した理由で，かつ心理的アセスメントから知りたいことでもある。つまり，コンサルテーションにおける専門職員の「アセスメントの問い」にあたる。細部は改変するが，具体的には「善悪の分別など，非行の深度について」「少年が自分の気持

表1 警察少年サポートセンターにおける一回型の協働的／治療的アセスメント（Single Session C/TA）の流れ

スケジュール	手順	時間	内容	参加者
事前調整	電話予約	－	事案発生後，警察少年サポートセンターの専門職員が少年と保護者に「親子カウンセリング」の利用を提案する。同意が得られたら，専門職員よりアドバイザーに電話で事案の概要を説明し，日程調整と面接の予約を行う。SCT（文章完成法）を実施する場合は，事前に少年に記入してもらう。WISCなど個別式知能検査をすでに他施設で実施している場合は，その結果を持参するよう保護者に依頼する。	専門職員 保護者 少年
面接当日	事前コンサルテーション	（15分）	事案の背景情報と「特別依頼事項（専門職員からのアセスメントの問い）」の確認。	専門職員
一回型の協働的／治療的アセスメント(Single Session C/TA)	アセスメントの問いと情報収集	30〜40分	少年・保護者同席の面接で，非行のきっかけとなった出来事，生活上の変化，少年と保護者の主訴，少年の発達歴，家族歴等について情報収集的なインタビューを行う。主訴を「アセスメントの問い」に位置づける。	少年 保護者
	標準化された検査の実施	40〜50分	少年と保護者は別室に別れる。アドバイザーが少年と「標準化された心理検査（PFスタディ／AN-EGOGRAM／描画法など）」を実施する。保護者は別室で待機し，その間にTEG-Ⅱや日本語版AQなどの質問紙へ記入してもらう。	少年 保護者
	（休憩）	25分	少年と保護者は休憩。その間に，アドバイザーは心理検査結果を整理する（PFスタディのコーディング/TEG-Ⅱの集計など）。「PFスタディによるアセスメント介入セッション」で取り上げる場面を決定する。	－
	PFスタディによるアセスメント介入セッション	25分	アドバイザーは少年に，心理検査の結果を手短に説明する。特にPFスタディで偏りの認められた場面を3場面程度取り上げ，それらが非行事案や主訴とどのように結びつく可能性があるかを話し合う。そして「最初の回答とは違った，また別（オプション）の答え」を少年に考えさせ，PFスタディ反応欄の空いた場所に書いてもらう。「最初の回答」と「新たな答え」の違いをどう感じるか話し合う。最後にアドバイザーと少年で，取り上げた場面をもとにロールプレイを行う。	少年
	フィードバック面接	30〜40分	保護者は再度入室する。実施した心理検査の結果について，少年と保護者の主訴（アセスメントの問い）に沿って話し合う。保護者の心理検査の結果を，少年への関わり方を見直したり，保護者自身の辛さを理解する手がかりとして用いる。少年と保護者に対し，再び非行を繰り返さないための推奨を行う。少年と保護者は帰宅する。	少年 保護者

面接当日	事後コンサルテーション	(15分)	少年や保護者の様子や，心理検査の結果について話し合う。「特別依頼事項（専門職員からのアセスメントの問い）」をもとに非行事案や家族の心理への理解を深め，立ち直り支援の方針を考える。	専門職員
後日	報告書の作成と活用	－	上述のプロセスと心理検査の結果をまとめた「親子カウンセリング／心理的アセスメント報告書」をアドバイザーは作成し，警察少年サポートセンターに提出する。専門職員から，少年と保護者に改めて報告書の内容をフィードバックする。	－

注1 「スケジュール」で薄い黒地にした箇所は，治療的アセスメント（TA）の骨組み（ステップ）と対応する。
注2 「手順」と「時間」で（　）をつけた箇所は，少年や家族と対面していない時間である。その間に心理士は，専門職員とのコンサルテーションや心理検査結果の整理を行う。

ちを，自分の言葉で話せるようになるためには何が必要か」「発達障害の診断を受けているが，今回の非行事案にどのような影響を与えているか」といった少年個人に関する問いや，「母親自身も過去に虐待を受け，愛着の問題を抱えている。母親から少年への関わりをどのように考えたらよいか」といった保護者の心理に関する問い，さらには「少年は音楽が好きだと話している。警察としてできる支援の方法について」など，今後の立ち直り支援に関する問いなどである。

　心理検査のバッテリーは，非行事案の特性，少年と保護者の主訴，そして上述した特別依頼事項を考慮して組む。AN-EGOGRAM，描画法の S-HTP 法（三上，1995）や FAD（Fantasy Animal Drawing）（Handler, 2006）など，短時間で実施可能なものを用いることが多い。SCT（文章完成法）を実施する場合は，事前に少年に記入してもらう。また①対人フラストレーション場面での対処を見ることができる，②学年毎に標準化された数量的データと実際の反応という質的データを抽出できる，③アセスメント介入セッションを実施しやすいといった理由で，PF スタディは必ず含めるようにしている。保護者には TEG（エゴグラム）や TK 式診断的親子関係検査，AQ 日本語版自閉症スペクトラム指数などの質問紙を用いている。WISC など個別式知能検査をすでに他施設で実施している場合は，その結果を持参するよう事前調整で保護者に依頼する。

「PF スタディによるアセスメント介入セッション」（橋本，2018）は，ナラティヴ・セラピー（White & Epston, 1990/2017）の「ドミナント・ストーリー」「オルタナティヴ・ストーリー」という概念を援用し，筆者が独自に開発したものである。提示場面が漫画形式で構造化され，かつコーディングも単純かつ明確であるという PF スタディの特長を活かしている。具体的には，非行事案との関連が推測されるような偏りの見られた場面を取り上げ，少年をガイドしながらより適応的な「最初の回答とは違った，また別の答え」を考えさせ，実際に書いてもらい，査定者とのロールプレイまで行う。

　少年は対人関係で時にイラついたり（PF スタディの E/E' 反応。以下同様），どうでもよくなったり（M 反応），相手に相談したり頼ったりした方がよい場面（e 反応）でもそうしなかったりという日々を過ごしてきた。そのような対処が優位（ドミナント）になったゆえの非行ならば，立ち直りに必要なのは新たな（オルタナティヴ）対処の選択肢であろう。そういったナラティヴの書き直しを，心理検査を通してわかりやすく試みるセッションである。詳しい手続きと実例については，橋本（2018）を参照してほしい。

　フィードバック面接と事後コンサルテーションを終え，各地の警察署を離れた後に「親子カウンセリング／心理的アセスメント報告書」を作成する。一回型の協働的／治療的アセスメントで少年と保護者に会うのは 2 時間半から 3 時間であるが，6 〜 7 ページの報告書を作成するにはその 2 倍以上の時間がかかる。専門職員からの「特別依頼事項」一つひとつに対応した所見をわかりやすく記載する。この報告書は専門職員からも少年と保護者にフィードバックがなされ，立ち直り支援につなげられる。香川県警察少年サポートセンターでは，家族も参加できる農業体験，大学生ボランティアによる学習支援，専門職員による継続面接などのプログラムが用意されている。

おわりに：一期一会の心理的アセスメント

　辻村（2010）は少年非行と家族危機を論じる中で「人間関係が希薄化したという社会構造の変化に対応した新しい家族支援をしていく必要がある」と述べ，再犯防止のための家族支援には社会の理解が得られると考えた。

　警察少年サポートセンターにおける一回型の協働的／治療的アセスメントも非行を家族の危機と捉え，少年と家族がそれまで陥っていた不適応的なあり方から抜け出せるように，心理検査の結果について話し合うプロセスである。そして「家族とともに少年の気持ちを理解する」「PFスタディによるアセスメントセッション等を通して新たな対人関係を学ぶ」「専門職員からの特別依頼事項に応え，親子カウンセリング後の立ち直り支援につなぐ」ことを重視している。つまり少年，家族，専門職員とアドバイザーが協働して進む心理的アセスメントである。

　非行の原因を少年の「個」のみに帰するのではなく，家族，さらには家族を取りまく地域社会との関係からも理解したい。むしろ彼らの置かれた厳しい環境が，非行の大きな要因ではないかと感じることも多い。ほとんどの心理検査がその原理として，ある特定の個人からデータを引き出し偏りを明確にする仕組みを持つゆえに，問題行動や症状の原因を「個」の中に見出しがちであるという構造を，査定者は心に留めておきたい。一期一会の心理的アセスメントであるからこそ，非行が行われた時点への自己責任論的な評価だけではなく，その後の立ち直りに向けた共感的な理解が大切なのではないだろうか。

文　献

Finn, S. E.　1996　*Manual for using the MMPI-II as a therapeutic intervention.* The Regents of the University of Minnesota : Minneapolis, Minnesota.［田澤安弘・酒木　保（訳）　2007　MMPIで学ぶ心理査定フィードバック面接マニュアル．金剛出版．］

Finn, S. E.　2007　*In our clients' shoes : Theory and techniques of therapeutic*

assessment. Lawrence Erlbaum Associates : Mahwah.［野田昌道・中村紀子
（訳）　2014　治療的アセスメントの理論と実践—クライエントの靴を履い
て．金剛出版.］

Finn, S. E., Fischer, C. T., & Handler, L.（Eds.）　2012　*Collaborative/thera-
peutic assessment : A casebook and guide.* Wiley : Hoboken, NJ.

Finn, S. E. & Tonsager, M. E.　1997　Information-gathering and therapeutic
models of assessment : Complementary paradigms. *Psychological Assess-
ment,* 9, 374-385.

Handler, L.　2006　The use of therapeutic assessment with children and
adolescents. In Smith, S. & Handler, L.（Eds.）, *The clinical assessment of
children and adolescents : A practitioner's guide,* pp. 53-72. Erlbaum :
Mahwah, NJ.

橋本忠行　2018　協働的／治療的アセスメントとナラティヴ・セラピー．田
澤安弘・橋本忠行（編著）　2018　ナラティブと心理アセスメント—協働的
／治療的につなぐポイント．創元社．pp. 35-71.

警察庁　2001　平成13年版警察白書—21世紀を担う少年のために．
https://www.npa.go.jp/hakusyo/h13/h13index.html（2021年 1 月13日閲覧）

三上直子　1995　S-HTP 法—統合型 HTP 法による臨床的・発達的アプロー
チ．誠信書房.

Saeger, H. S. & Schaber, P.　2017　*An ultra-brief model of therapeutic
assessment with adults. Paper presented at 2nd.* International Collabo-
rative/Therapeutic Assessment Conference, Austin, TX.

辻村徳治　2010　非行・犯罪と家族危機．日本家族心理学会（編）　家族心理
学年報28　家族にしのびよる非行・犯罪—その現実と心理援助．金子書房．
pp. 2-13.

White, M. & Epston, D.　1990　*Narrative means to therapeutic ends.* W. W.
Norton. : New York.［小森康永（訳）　2017　物語としての家族〈新訳版〉.
金剛出版.］

〈付記〉香川県警察少年サポートセンターの専門職員の方々に，本稿の執筆に
あたり貴重なご助言をいただきました。深く御礼申し上げます。本研究は
JSPS 科研費16K04368の助成を受けています。

II

家族臨床心理学研究・
実践の最前線

心の分離をいたわるということ

イラストレイテッド複雑性PTSD

新谷宏伸

はじめに

とある漫画の主人公が，落とし物（典型的には財布）を拾ったとする。続くコマでは，「警察に届けよう」と提案する品行方正な天使のパートと，「ネコババしちゃえ」とささやく悪魔のパートの間で板挟みになり主人公が葛藤するはず…。読者は，きっと反射的にそう予測するだろう。

ありていに言えば，心理学界隈にも「個人内に複数のパーツが同居するモデル」はありふれている。ステレオタイプに語られる「左脳と右脳」をはじめ，人間の精神機能を「エス・自我・超自我」などのマルチプルな視点からとらえる精神分析，「チャイルドモード・不適応的コーピングモード・非機能的ペアレントモード・ヘルシーアダルトモードという様々なモード」が烏合の衆よろしく内部に存在すると見立てるスキーマ療法，パトナム（Putnam, 1997）が広めた離散的行動状態，さらには人間の意識を上から「ディヴィニティ・アウマクア・ウハネ・ウニヒピリ」の順のピラミッド構造ととらえるSITH ホ・オポノポノなど，バラエティに富む。

また，「内的な断片化・区画化」というモデルを基盤においた治療技法は，俗にパーツ・セラピーと呼ばれる。ごく簡潔に列挙しよう。

⑴　内的家族システム療法（Internal Family Systems Therapy，以下 IFS）

家族療法をベースに持つシュウォーツ（Schwartz, R. C.）が開発した IFS において，パーツの役割は「管理者，消防士，追放者」の３つに分類される（IFS 独自の「セルフ」と称される概念は，パーツとは区別される）。

⑵　自我状態療法

ワトキンス夫妻（Watkins, J. G. & Watkins, H. H.）が生み出した，単一の人間の中で自己内家族を構成する様々な「自我状態」同士の，葛藤や衝突などにより起こる症状や問題をあつかう心理療法である。自我エネルギーおよび対象エネルギー備給の観点や，テーブルテクニック，静かな除反応，許しのドアなどの介入法を特徴とし，身体志向のトラウマ焦点化技法を取り入れつつ，現在も改良が重ねられている。

⑶　タッピングによる潜在意識下人格の統合法（Unification of Subconscious Personalities by Tapping Therapy，以下 USPT）

我が国の精神科医・小栗康平がかたちにした USPT は，パーツの呼び出しに左右交互刺激を用いる点，融合および統合を志向する点，もっとも原初の分離により切り離されて以降休眠してきた「基本人格」をあつかう点などに独自の特徴がある。

このように，各専門技法で「パーツの分離」という文脈が効力を発揮している。ちなみに「自我状態」は，外傷以外の理由（正常な分化や，重要な他者の取り入れ）でも生成される。USPT 理論でも，特に発達障害圏は，こだわりや感覚過敏からくる外傷未満のストレスでも「内在性解離」をきたしやすいことが述べられている。さらに広義になれば，腹痛や幻聴さえもパーツと呼べよう。一方，構造的解離理論（van der Hart, O. et al.）は，外傷による解離に限定された理論である。つまり「把一絡げにパーツといっても，表すものは微妙に異なっている。ともあれ，臨床に有用な「パーツの分離」モデルについて言及を進めたい。

1 パーツ同士の折り合い─「内的な断片化」というモデル

架空症例Aさん（20代女性）

　どうして場にそぐわぬ怒りが突然噴出するのか，Aさん自身まったく見当がつかなかった。「恐ろしいほどの怒りに襲われて悩んでいるのに，前の精神科病院では問題行動，衝動性，境界性パーソナリティ障害というレッテルを貼られるだけだった。もともと低い自己肯定感がさらに打ち砕かれたわ」とAさんは当院初診時に過去の二次受傷を打ち明けた。その言い分は，至極まっとうに聞こえた。

　果たしてAさんの怒りは何に起因するのか？　心理教育を行う上で治療者（以下 Th）は，まず図 1-a を示して「心がいくつもの部分（パーツ）に分かれている状態自体は珍しくない」ことをノーマライズした。具体的には以下のように…。多かれ少なかれ，人の心の中には「（一例としてアニメ『鬼滅の刃』の影響で）和服を着たい自分」と，「洋服を着ようと考える自分」という，別々の意見を持つ部分が存在する。ただ，前者と後者は，「着物を着てみたい気持ちも分かるけど，現実には洋服を着ないと仕事に行けないよね」「いつか京都旅行したら，着物を借りようね」と折り合いをつけられるので，生活に支障をきたすことは基本的にない。

　Th は続けて，図 1-b のように部分（パーツ）同士の折り合いがつかない場合に起こるネガティブな現象について次のように説明した。「過去の出来事（暴力や誹謗中傷などの被害）に怒りを抱いている部分（パート）」と，「『私は怒ってなんかない。過去にとらわれず前進したい』と思う部分（パート）」は，やすやすとは協働関係を築けない。それどころか，しばしば対立するか，無視し合ってしまうだろう。敵対視した相手は，たいがい自我違和的に映る。前者（怒り担当の部分（パート））は，過去の怒りをマグマのように溜め込む。それがあふれて不定期に噴き出す。そのようないわゆる（必ずしも映像を伴わない）"感情のフラッシュバック"は，日頃怒りを否認している部分（パート）の側からは，理由の分からぬ突如の怒りとして体験されることとなる。そのトリガー（条件刺激）は，例えば急用でデートの約束をキャ

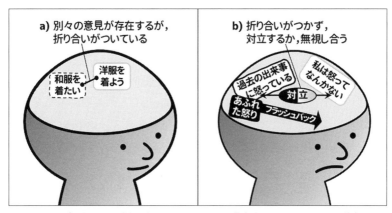

図1　部分同士の折り合いがついている場合と，ついていない場合

ンセルされる，上司に叱責されるなどの，怒りの沸く理由として比較的
了解可能なものから，殊更にひどい虐待を受けた日と似た気候だったと
いうようにトリガーだと同定困難なものまで，様々である。

　いずれにせよ，図1-bのようなケースでは，過去に受け止めきれな
かった辛さにまつわる要素が分離している。Thが「怒りは必要な感情
であるが，苦痛を伴う。誰もができれば感じたくない怒りを，あなたの
中のある一部分が引き受けてくれた。なので，その部分と対立するので
はなく，感謝を伝えることが大切かもしれない」と伝えたところ，Aさ
んは自嘲気味に笑った。「心の中の怒っているもう1人の自分に，思い
やりを向けましょうって？…そう言われると，自分が責められているみ
たい。ふうん，それ，セルフ・コンパッションっていうの？…できない
からさんざん苦労してきたのに。親も教師も教えてくれなかったし，私
はこれまで周囲の人間からモノとして見られてきた。だから，自分を粗
末にあつかうことはお手のものだけど，いたわるという意味が分からな
い。これじゃあ，たしかに激しい怒りに飲み込まれても当然かもね。情
けない人生こそ，私にふさわしいのよ！」─否定的自己認知および感情
制御困難が，診察場面にも姿を現した。

2　複雑性心的外傷後ストレス障害（複雑性 PTSD）

「パーツの分離」という視点からみた複雑性 PTSD

　「複雑性 PTSD」は，ハーマン（Herman, J. L.）の提唱に端を発し，DSM 作成委員会のフィールド・トライアルを経て，DSM-5 では収載に至らなかったものの，ICD-11 において結実した診断概念である。複雑性 PTSD は，PTSD の 3 症状（再体験，回避，過剰な驚愕反応）に加え，さらに自己組織化の障害（Disturbances in Self-Organization：DSO）3 症状（感情制御困難，否定的自己概念，対人関係障害）の，計 6 症状をすべて満たす必要があると ICD-11 には記されている。症状表記に重点が置かれる一方，長期反復的トラウマを不可欠な出来事基準とみなしていない点（単回の出来事でも一連の出来事でもよいと明記されている）などは，操作的診断の面目躍如たる所業かもしれない（診断基準の仔細は ICD-11（World Health Organization, 2018）を参照されたい）。

　それはさておき，図 1-b を細密化し，複雑性 PTSD モデルに手直しすると図 2 のようになる。怒りの感情は多様である。単純に加害者へ向けられるものだけでなく，「加害に対して為す術なく無力だった自分へ

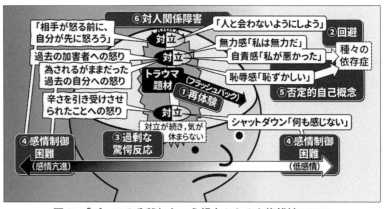

図 2　「パーツの分離」という視点からみた複雑性 PTSD

の怒り」もあれば，「辛さを引き受けさせられたことへの怒り（自己内の他の部分〔パーツ〕への怒り）」もある。「怒りなんて感じたくない」「怒りはなかったことにしよう」といった思いが，種々の怒りと対立する部分〔パーツ〕（図2の無力感「私は無力だ。怒っている自分はダメな奴だ」，自責感「私が悪い人間だから被害を受けたのだ」，恥辱感「私は汚れた恥ずかしい人間だ」，シャットダウン「怒りも何も感じない」などを引き受ける部分〔パーツ〕）を生成する。そうして，自己嫌悪がさらなる自己嫌悪をまねくのである。

　さてここで，必須の6症状をめぐっても，「辛い体験への対処法として，自己を切り離して区画化する適応戦略を採用した結果」という文脈からの理解が可能なことに箇条書きで触れ，図2の補足を試みたい。

① 【再体験】前述の“感情のフラッシュバック”などにより，表の部分〔フロント・パート〕は今の苦痛と昔の苦痛の両方を一度に被ってしまう。

② 【回避】再体験や対人関係障害の症状を避けようとして，外出や行動を控える部分〔パート〕，あるいはアルコールや薬物，ギャンブル，自傷行為，特定の他者などに依存する部分〔パート〕が優位になる。

③ 【過剰な驚愕反応】相容れない部分〔パーツ〕が心の多くを占めて対立するため，警報装置の感度が高すぎてリラックスできない状態が続いてしまう。

④ 【感情制御困難】怒りを別の部分に引き受けさせて生き延びてきたので，大人になり感情を抑えなくてもよい場面が増えるとともに，感情の爆発が起きやすくなる（感情亢進）。逆に，怒りの感情部分の過剰な活性化を防ぐため，（怒りだけの選択的なブロックは不可能なので）全感情をブロックする部分〔パート〕が優位になることもある（低感情）。

⑤ 【否定的自己概念】各症状が持続する結果として自己肯定感が育まれなくなるか，あるいはより直接的に「お前には生きている価値がない」とメッセージを与え続ける加害部分〔パート〕が存在するため，無価値感，無力感，恥辱感，否定感などが強まる。

⑥ 【対人関係障害】「相手が怒る前にこっちから先手必勝で怒りをぶつけて嫌われてやろう」という過剰補償と，「怒って嫌われるのは辛いから，人と会わないようにしよう」という回避，つまり支配する部分〔パート〕

と支配される部分の無秩序な交代が繰り返される。

複雑性 PTSD 患者への初期アプローチ

面接場面に戻ろう。かつて「境界性パーソナリティ障害」と診断されていたＡさんは，面接によって「複雑性 PTSD」の基準，①から⑥を満たすことが確認された。さて，Th はまず「（先程のように）セラピーの中で，悪いニュースを我慢せずに報告できるのはいいこと」と伝えたが，治療の次の一手は何がふさわしいだろう？　筆者は原則，①再体験症状への適切なコーピング法修得をめざすとともに，④感情（一部③驚愕反応を含む）からあつかうようにしている。そう念頭に置く理由は，「⑤否定的認知の修正」の提案自体が，現時点での患者を否定するメッセージを含むため，先に「否定的認知を変えられない自分に向けられる否定的感情」の受容に取り組まねば侵襲が強く脱落率が上がるからである。また，自分（の部分や感情）と折り合える程度が高まれば，しかるのちに他者と折り合える程度も増して（⑥対人関係の回復），②回避を手放しやすくなることも，理由に挙げられよう。

Th は，感情受容の大切さを受容的に伝えるべく，こう切り出した。「あなたの人生を顧みれば，自己嫌悪をいだいても無理もないと思う。ただ，自分には価値がないと思ってしまうようなひどい環境の中で生き延びてきたことは，決して恥ずべきことではなく，誇りにして良いことだよ。…と話しても，私（Th）の言葉だと薄っぺらな響きにしかならないかもしれないけれど，あなたがあなた自身にそう伝えられれば，きっとプラスのエネルギーになるはず。まずは，否定的な思考しか浮かばない自分を認めることをスタートにもできる。もちろん，初めから100％できなくても，20でも30でもいいので。それが難しければ…うん，難しくても無理もないよね…，千里の道の一歩目を，自分の中に存在する子どもの部分や自分の好きな色などを毛布で包むことから始めてみたとしたら，どんな変化があると思う？」

Ａさんの不快感情はまだ揺れていたが，「『妥協が必要ってことね』って言っているわ」と返した声色は，わずかに中庸へと近づいていた…。

おわりに

ポールセン（Paulsen, 2009）は，怒りの部分<ruby>部分<rt>パート</rt></ruby>は無防備な幼い部分<ruby>部分<rt>パート</rt></ruby>を守るための防衛的な部分<ruby>部分<rt>パート</rt></ruby>であり，賛辞を与えつつ支援の手を差しのべることが必要だと説く。他にもトラウマ治療のすぐれた臨床家たちは，そろって「人格部分<ruby>人格部分<rt>パーソナリティ・パーツ</rt></ruby>」という枠組みを採用し，自らの臨床に取り入れている。

「パーツが内在するというのは，すべての人に通ずることである。解離していない人と異なり，解離している人に特有なのは，彼らのパーツの多くが過去に起こった脅威状況への究極の適応手段として生まれたことだ」（Knipe, 2015）

「適応策として自分を断片化させたことで，個人の内面の世界は戦闘地帯と化します。ですからその断片化された状態を，トラウマへの正常な反応であると説明することが必要です」（Fisher, 2017）

受傷によって分離した部分<ruby>部分<rt>パーツ</rt></ruby>をいたわることの大切さが，ナイプとフィッシャーの文献からも伝わってくるだろう。ただ，この優れたモデルの臨床適用は，複雑性 PTSD や解離症群だけにとどまるわけではない。例えば患者の心の中に，「子どもにイライラする自分」と「子どもに優しくしたい自分」の両方が存在している。「学校に行きたい自分」と「行きたくない自分」の両方がいる。「好きなだけ食べたい部分」と「ダイエットしたい部分」。「電車で過呼吸に苦しむ部分」と「過呼吸を起こす自分にダメ出しする部分」。実臨床の場をイメージしてみると分かるが，汎用性が高く，およそ際限がない。それゆえ，「相反するパーツの共在」という文脈を作業仮説の１つとして持ち札に入れておくことが，支援の止揚につながると，筆者は考えている。

文　献

飛鳥井　望　2019　ICD-11 における PTSD/CPTSD 診断基準について―研究と臨床における新たな発展の始まりか，長い混乱の幕開けか？　トラウマティック・ストレス，17(1)，73-79.

Fisher, J. 2017 *Healing the fragmented selves of trauma survivors.* Routledge : London. [浅井咲子(訳) 2020 トラウマによる解離からの回復―断片化された「わたしたち」を癒す. 国書刊行会.]

Knipe, J. 2015 *EMDR Toolbox : Theory and treatment of complex PTSD and dissociation.* Springer Publishing : New York. [菊地安希子・大澤智子(訳) 2019 EMDRツールボックス―複雑性PTSDと解離の理論と治療. 星和書店.]

新谷宏伸 2020 Unification of Subconscious Personalities by Tapping Therapy (USPT) による解離症の治療―第二次構造的解離としての複雑性PTSD. 精神神経学雑誌, 122(10), 764-772.

新谷宏伸 2020 解離という文脈, USPTというセラピー. *Interactional Mind*, 13, 69-87.

Paulsen, S. 2009 *Looking through the eyes of trauma and dissociation : An illustrated guide for EMDR therapists and clients.* Booksurge : Charlston. [新井陽子・岡田太陽(監修) 黒川由美(訳) 2012 図解臨床ガイド トラウマと解離症状の治療― EMDRを活用した新しい自我状態療法. 東京書籍.]

Putnam, F. W. 1997 *Dissociation in children and adolescents : A developmental perspective.* Guilford Press : New York. [中井久夫(訳) 2001 解離―若年期における病理と治療. みすず書房.]

Schwartz, R. C. & Sweezy, M. 2019 *Internal family systems therapy. 2nd ed.* Guilford Press : New York.

USPT研究会(監修) 新谷宏伸・十寺智子・小栗康平(編) 2020 USPT入門 解離性障害の新しい治療法―タッピングによる潜在意識下人格の統合. 星和書店.

van der Hart, O., Nijenhuis, E., & Steele, K. 2006 *The haunted self : Structural dissociation and the treatment of chronic traumatization.* Norton : New York. [野間俊一・岡野憲一郎(監訳) 2011 構造的解離―慢性外傷の理解と治療 上巻(基本概念編). 星和書店.]

World Health Organization 2018 ICD-11.

III

日本家族心理学会第37回年次大会
「『家族』に受け継がれるもの」より

「家族」に受け継がれるもの

野口修司・黒滝直弘

はじめに

　新型コロナウィルス感染症が日本はおろか世界中で感染拡大をしている中，日本家族心理学会第37回年次大会は2020年9月19日（土）〜21日（月）を会期として学会初となる完全オンライン（大会主催校は香川大学）で開催した。初めての試みであったにもかかわらず，例年に劣らぬほどの多くの皆様にご参加いただいた。そこで，本稿ではまず初めに大会をオンラインで開催したことによる意義について考えたい。本大会を通じて，オンライン上での大会開催は，全国の研究者が集って交流・懇親を深めるといった一部の役割においては十分な機能を果たすことが難しいものの，ある面においては現地開催よりも参加しやすいメリットがあったことを改めて実感した。例えば「コンテンツの視聴のしやすさ」である。本大会では大会企画（大会特別講演，準備委員会企画シンポジウム，学会企画シンポジウム），研究発表（口頭発表，自主シンポジウム），ワークショップの全コンテンツをオンデマンド配信とした。そして，会期は上記の3日間ではあったものの，コンテンツの視聴期間は約2週間とすることで参加者は期間中の都合の良い時間に何度でも視聴することが可能であった。また，ワークショップに関しても例年はスケジュールの都合上2つまでしか受講することが難しかったものの，本大

会はオンデマンド配信であったことで，参加者は希望すれば全7つの
ワークショップを受講することができた（実際，7つ全てのワーク
ショップを申し込まれた参加者も複数おられた）。また，オンライン開
催のメリットとして，「参加のしやすさ」も挙げられるだろう。オンラ
インで参加するための設備（パソコンやスマートフォンといったイン
ターネット使用環境）が必要となるものの，自宅にいながら大会に参加
できることで例年とは異なり交通費や宿泊費といった大会参加に要する
経費が大幅に削減されることも重要な点であるだろう。これは金銭的な
要因だけではなく，育児や介護といった事情によって遠方に足を運びづ
らい環境にいる方々にとっても参加しやすい機会となった。実際，その
ような環境にある方から「今大会は参加しやすくて助かった」といった
有難いお言葉をいくつかいただいている。上述したように懇親会が開催
できないことで研究者間の交流の場が持てなかったことや，何より参加
者の皆様に香川県にお越しいただけなかったことは，大会を主催する立
場として大変残念ではあったものの，オンライン開催という新しい可能
性に挑戦できたことは非常に良い機会であったと感じている。
　さて，今大会ではテーマを「『家族』に受け継がれるもの」としたが，
これは今大会の主催校である香川大学において，2018年に全国の国立大
学で初めてとなる医学部に臨床心理学科が設立されたことに端を発して
いる。そのような経緯がある中でせっかく日本家族心理学会の年次大会
を引き受けるのであれば，医学と臨床心理学，そして家族心理学を結び
つけることで，今大会を香川大学が主催することのオリジナリティとな
るのではないかと考えた。そこで注目したのが「遺伝」である。これに
は第二筆者が人類遺伝学を専門の1つとしていた影響も大きい。子ども
が親から生まれる以上，家族と遺伝を切り離すことはできない。しかし，
これまでの家族心理学において「遺伝」というトピックについて考える
機会は非常に少なかったのではないだろうか。その理由としては，遺伝
学が心理学とは全く異なる知識に基づいており，馴染みのない心理学者
にとっては非常に難解であることや，遺伝は主に医学領域において研究
が進められており，研究機材の準備の困難さ等から心理学領域では研究

しづらい分野であることが挙げられるのではないだろうか。その一方で，研究手法の発展とともに近年では遺伝子に対して環境や体験が後天的に与える影響について扱う「エピジェネティクス」という分野の研究が推し進められており，この影響要因として最も身近な存在である「家族」が関係している可能性は十分に考えられるだろう。また，医療現場においては遺伝医療の発展に伴って，遺伝的問題を抱えた人に対する「遺伝カウンセリング」が導入されており，その内容には当然ながら心理的援助が含まれ，対象は主に発端者（患者）およびその家族となる。以上のように，遺伝と家族心理学には複数の関連があり，家族心理学会の学術大会として遺伝について学ぶ場を設けることは非常に有意義な機会になるのではないかと思い至った。

大会特別講演
「遺伝が家族にもたらすものと，その支援の在り方」

そこで，本大会では大会特別講演として，遺伝医学の権威である信州大学名誉教授の福嶋義光先生に「遺伝が家族にもたらすものと，その支援の在り方」というテーマでご講演いただくこととした。福嶋先生は日本遺伝カウンセリング学会の元理事長でもあり，遺伝と心理支援のつながりをお話しいただくのにも適任であると考えた。座長は第二筆者であり，今大会の大会長でもある黒滝直弘が務めた。以下は特別講演の要約である。

まず遺伝学の実情として，近年では技術の発達に伴ってゲノム解析に要する時間と費用が大幅に改善されており，医療現場では「個人のゲノム情報に基づき，個々人の体質や病状に適した，より効果的・効率的な疾患の診断，治療，予防が可能となる『ゲノム医療』」への期待が高まっており，がんや難病の分野ではすでに実用化が始まっている。そんな状況の中，日本は遺伝について誤った理解をしやすい文化，社会を持っており，「『遺伝』の問題に直面し，自分の問題として考え始めた人には，改めて『遺伝学の基礎』を教育する必要がある」ことが重要であ

る。例えば，遺伝学とは「遺伝継承」と「多様性」を研究する学問であるが，日本社会における遺伝学のイメージには「遺伝継承」のみがクローズアップされることから「遺伝する，しない」といった極端な考え方に囚われがちになる。同様に，遺伝病についても「病気が遺伝する」と捉えてしまうことにより，遺伝の問題を誰かのせいにしたり，差別や偏見といった別の問題につながってしまう。遺伝病の定義とは「遺伝する病気」ではなく，「遺伝要因がその発症に関係している病気」であり，遺伝の有無によって病気の生起が決定されるのではなく，病気になるリスクに差が現れると捉えるべきである。つまり，正常な両親からも遺伝病患者が生まれたり，現在は健康でも将来に遺伝病が発症する可能性は誰にでもあることから，遺伝の問題とは一部の特別な家系に限るものではなく，全ての人に関係する問題であると認識する必要がある。そのためには，遺伝学が「遺伝継承」だけではなく「多様性」も対象とした学問であることや，遺伝病が「病気になる，ならない」といった離散的な概念ではなく「病気になりやすい，なりにくい」といった連続的な概念であることを理解することが非常に重要となる。

　次に，遺伝情報が現代の医療にどのように活用されているのかについて，例として「発症前診断」，「保因者診断」，「出生前診断」の３つが挙げられる。まず発症前診断について，大きく「治療法・予防法のある疾患」と「治療法・予防法のない疾患」の２つに分けられるが，「治療法・予防法のある疾患」については遺伝情報から自分が将来かかり得る疾患（例えば，遺伝性のがん等）のリスクを予め知ることで，発症前の予防や早期治療をすることができる。また「治療法・予防法のない疾患」については，現代の医療技術では明確な治療が困難な遺伝性疾患（例えば，家族性アルツハイマー病等）のリスクを知ることによって，実際に罹患してしまった際の当事者や家族の理解の促進や心理的負担の軽減に活用することが可能となる。

　次に保因者診断について，保因者とは「疾患に変異，変化する遺伝子を次世代に伝える可能性はあるものの，その個人については生涯にわたってその変異，変化に関連する疾患には罹患しない者」を指す。つま

り，自身が疾患には罹患する可能性はないものの，将来に子どもをつくるパートナーの遺伝子との組み合わせによっては，その子どもが疾患にかかるかもしれないような遺伝要因を持っているということを示す。従来，保因者診断は血縁者に患者がいる場合に，その疾患について実施することが多く，例えば欧米などではパートナー同士で結婚・挙児の意思決定をする際の１つの情報として用いられるなど，医療の枠組みから離れて活用がされている。これは「人類の誰もが保因者になり得る」という背景があるからこそ適切に扱われるものであるが，保因者への理解が十分ではない日本で医療の枠組みから離れた保因者診断が実施されることは，遺伝差別が喚起され大きな社会問題が起こる可能性があると考えられる。

　次に出生前診断について，これは妊娠後から出産までに至る間で検査によって子どもの遺伝疾患に関するリスクを診断するものだが，技術の進歩に伴って手軽に多くのことが明らかにできるようになればなるほど，障害が予測される胎児の出生を排除し，障害を有する者の生きる権利と命の尊重を否定することにつながるといった懸念が挙げられている。遺伝の問題についてはただ診断をするだけではなく，その後のサポートシステムがしっかりと用意されていることが非常に重要となるが，近年では手軽さをうたった無認可の診断サービス業者も急増しており，中途半端に情報を提供してしまうことが余計に不安を助長するという問題が起こってしまっている。

　以上のような遺伝を用いた診断を行う際に，患者およびその家族への支援の重要な要因として挙げられるのが「遺伝カウンセリング」である。遺伝カウンセリングとは，「疾患の遺伝学的関与について，その医学的影響，心理学的影響および家族への影響を人々が理解し，それに適応していくことを助けるプロセスである」と定義される。つまり，遺伝カウンセリングにおいては「情報提供」と「心理援助」が重要となる。クライエントに対して，問題となっている疾患や状態に関する分かりやすく十分な情報を伝えることで，前述したような不安を助長させる中途半端な情報ではなく，クライエントがしっかりと理解し，納得した上でどの

ような治療法を選択するのかを自己決定できるように援助していく。また，遺伝カウンセリングには心理的な援助も欠かせない。例えば，もし予め知っていれば予防的対処が取れるような遺伝疾患の場合，それが明らかになった時点で「もし，もっと早く調べていれば命が助かったのでは？」，「疾患が遺伝するかもしれないことについて，どのように他の家族に伝えれば？」，「自分の子どもたちも同じ運命になるのでは？」といった，様々な思いを患者やその家族が抱えうる。情報提供に留まらず，遺伝的問題がもたらす様々な悩みや不安に対して，クライエントに寄り添っていくための心理援助も遺伝カウンセリングにおける重要な役割の１つである。現在，日本では臨床遺伝専門医や認定遺伝カウンセラーといった専門家の育成が進められており，適切な遺伝子医療を受けるための場が広がっている。

　遺伝について，もっと詳しく知りたい場合には子ども向けに分かりやすく作成された「もっと知りたい！ 遺伝のこと」（国立研究開発法人科学技術振興機構，2016）を是非ご一読いただきたい。最後に，遺伝，遺伝子に関係する問題は全ての人が当事者になり得るものであり，もし当事者になった場合には，適切な遺伝カウンセリング部門（遺伝子医療部門）にコンタクトすると解決に結びつきやすいということを心に留めておいてほしい，というメッセージをもって福嶋先生の講演は終了した。

　その後，フロアとの質疑応答として「遺伝的疾患について，今回の講演では身体疾患の例が挙げられていたが，統合失調症やうつ病といった精神疾患に関する遺伝子医療の実情はどうなっているのか？」といった質問に対して，「精神疾患の遺伝子医療については研究レベルで少しずつ知見が集まってきてはいるが，診療の場にはまだ降りてきていないのが実情である」と回答された。加えて，座長の黒滝から「精神疾患と遺伝の関連については，まだ仮説の域を出ていない結論が多いような印象ではあるが，実際に我々が臨床の場で感じることとして，ある種の精神疾患については継承しているという意味で遺伝的疾患であるという実感を持っている。そんな中で，今回の福嶋先生の講義で話されていた『多様性』を認めた社会を作っていくために，情報を発信していくことの重

要性を改めて感じた」という補足がされた。

　また，フロアからの感想として「これまで遺伝にあまり関心を持っていなかった学会員の方々にとっても，今回の講演をきっかけに関心を持って勉強を始めていくのではないかと感じた。また，遺伝カウンセリングについて，クライエントが理解し，納得し，自己決定をしていくことを援助していく中で，自己決定をした後に起こり得る問題（例えば，生まれてくる子どもに遺伝疾患があることを理解した上で出産した家族が，その後に現実的な問題に直面したときに抱える葛藤等）に対して，我々が専門としている家族カウンセリングが関わってくるのではないかと感じた」と意見が出された。

　以上が，福嶋先生による大会特別講演の要約である。本講演では，研究の進歩によって遺伝に関する新たな知見が積み上がり，社会での活用が広がっていくことが見込まれる一方で，社会全体において遺伝に関する理解が乏しいことによって，間違った理解に基づいた差別や人権侵害といった新たな問題につながっていくことへの懸念も紹介された。今後は遺伝に関する「多様性」も含めた理解が，専門家だけではなく社会全体に求められてくるとともに，家族心理学および家族カウンセリングに携わる我々にとっても関連のある要因の1つとして，遺伝について学んでいく必要性を考える非常に貴重なきっかけとなったのではないだろうか。

さいごに

　本稿では，大会特別講演の紹介を中心としたが，遺伝については第二筆者が次稿にてさらに紹介をしているので，そちらも併せてご一読いただきたい。また，大会準備委員会企画シンポジウム「日本における家族療法／短期療法の過去・現在・未来」に登壇された長谷川啓三先生の御考察および学会企画シンポジウム「犯罪被害者・犯罪加害者家族への支援」についても別稿で紹介されている。それぞれが異なる視点でありながらも，本大会のテーマである「家族に受け継がれるもの」にふさわしい内容であり，オンラインという例年とは異なる形式での実施ではあっ

たものの，例年に負けないくらい充実したものになったのではないだろうか。

　最後に，本大会を実施するにあたりご協力いただいた講師の方々，理事の方々，学会事務局の方々，そして何より本大会にご参加いただいた皆様に深く感謝の意を申し上げる。

参考文献

国立研究開発法人科学技術振興機構（JST）　2016　Science Window 子ども版人のいのちを知る冒険『もっと知りたい！　遺伝のこと』https://www.jstage.jst.go.jp/article/sciencewindow/10/C3/10_201610C3/_pdf/-char/jp）

新川詔夫（監修）・福嶋義光（編）　1996　遺伝カウンセリングマニュアル．南江堂．

鵜木元香・佐々木裕之　2020　もっとよくわかる！　エピジェネティクス─環境に応じて細胞の個性を生むプログラム．羊土社．

遺伝が家族にもたらすもの

黒滝直弘

精神医学は関係性の医学

　遺伝とはきわめて生物学的，医学的な概念であり，一方で家族とは人間が誕生して初めて出会う社会的集団である。「遺伝」と「家族」の関係を考えるにあたり，まずきわめて個人的な経験を述べ，家族，臨床，遺伝へと話を進めたい。

　私は，精神科医療の中でも，特に心理療法と呼ばれる精神療法を学び臨床に生かしているつもりだが，新人の時に影響を受けた2人の指導者に出会った。1人は精神科のN教授で，社会精神医学を専門とし操作的診断基準を構築していく立場にあったため，症候論に極めてシビアであった。当時は精神分裂病と呼ばれていたSchizophrenia（統合失調症）の思路障害を，支離滅裂，などと口にすると，"「支離」と「滅裂」とは別の症状である，それらを区別して症候を見立てなければならない"と言われた。教授回診の際，クライエント（以下Cl）がなかなか心の内を話してくれない時に，「できれば本人さんが話してくれることを待ちたい」などと言うものなら，"Clが言いたくないことを聞くのが精神科医である。待つだけなら素人さんでもできる"とも叱責された。心を相

手にする精神科医であればこそ，客観的な指標にこだわり続け，心理職を含む多職種のメンバーが誰でも納得できるような標準的な診断，症状，さらには対応法を考え続けなければならないというN教授の指導は宝物だと思っている。（中根，2010）

　さてもう1人の指導者はM医師である。彼は根っからの心理療法家で，特に外来診療で治療の困難を極める神経症圏の治療を得意としていた。私は彼からロールシャッハテストや心理療法の個人指導を受けた。今，私は臨床心理学科の責任者の席にあるが，医師である私から見ると，心理職というのはその教育課程や仕事をする上で，ずいぶんと枠を大事にするのだなということに気が付く。大学で学ぶカウンセリングも理論から入り，ロールプレイや試行カウンセリングなどかなりきっちりとした教育が行われている。振り返って，私がM医師から学んだ心理療法は，今考えると大雑把であった。M医師とClの延々と続く会話をペンで書きとり，最後に内容を振り返るという作業を延々と行った。M医師の声量は大きくなく，こちらが眠くなるような会話が10分程度続くと，Clの表情が生き生きとしていくのを驚きながら聞いていた。N教授とM医師は診療のスタンスは異なっていたものの，2人が大事にしていたことの1つは，正確な家系図を書くことであった。その2人から精神医学は関係性の医学である，と教えられた。社会の中における患者さんの立つ位置によって病理性が変わってくる。だから，まず最少の社会である家族構成や力動をいかに把握するか考えろというのである。現在は，医療記録（カルテ）は多くの病院で電子化されているが，こと家系図を詳細に描くという点で十分に機能的なカルテに出会ったことはない。やはり昔の紙のカルテに，同胞の情報を聞き，両親や挙児の有無を聞き，患者さんと家系図の他のメンバーとの関係性はどうなのか，を詳細に聞きながら図を描いていく。その上で，成育歴または生活歴などの情報を聞くと，かなりの確率と正確性をもって心理的なつまずき所が見えてくる。それを根拠に介入方法や支援策が思い浮かぶ。愚痴っぽくなるが最近の若い先生たちは家系図が書けない。それでは，家族内の問題はなかなか浮かび上がってこないと，私は若い先生に指摘し，時に煙たがられ

ている。

遺伝学による家族支援

　家系というと，7年前母が急死し，数十年ぶりに親戚に会った時を思い出す。葬儀の場で親族と会い，亡くなった母親が入水や縊頸などの自殺未遂を繰り返していたという事実を初めて知ったのである。若いころの母親はとにかく自己評価が低く，生きていてもしょうがないと兄妹にいつもこぼしていたらしいが，父親と高校時代に出会い結婚し，私が生を受けたころから表情が明るくなり，生き生きとなったと知った。自殺未遂や既遂の方には今までも出会ってきたが，まさか実の母親がそうであったとは考えたことはなかった。しかし，今振り返って母親の行動を冷静に診断すると，境界型人格障害ではなかったか，と思う。自分の個性を振り返ると，多趣味である，興味あることに没頭する，比較的社交的である点などは明らかに父親に似ている。若いころなかなか治らない患者さんを前に何とか患者さんを救いたいという，今思えばやや思い上がった気持ちから，疾患の発症機序を遺伝子レベルで調べたいという思いで大学院に進学した。ところが，遺伝子の研究に没頭しているうちに疾患を離れ，DNA の構造自体に興味が向き，米国に留学までするに至った。縁があって DNA の構造を発見したワトソン（Watson, J. D.）博士と直接，話をさせてもらい感激した。よくもここまでのめりこんだと自分でもあきれている。これも父親の影響だろう。結婚してから「ゲゲゲの鬼太郎」のアニメを見ていた時，内容の詳細は忘れたが，アニメの中で発した鬼太郎の言葉につい涙したことがあって，カミさんと長男から，鬼太郎を見て泣く人なんてはじめて，とか驚かれたことがある。私のこのような気分の変動は母親に似ているな，とつくづく思う。以上，単純に私自身の経験をもとに，子どもが親に似るという現象を述べたが，その現象は医学的に「遺伝」（Heredity）と呼び，研究することを「遺伝学」（Genetics）と言う。歴史を振り返ると，おそらく多くの医学分野がそうであったように，遺伝学も負の歴史を有している。ガルトン

（Galton, F., 1822〜1911）は，人の才能がほぼ遺伝によって受け継がれるものであると主張し，人間にも人為選択を適用すればより良い社会ができると論じ，優生学を提唱，その思想は1920年代のナチス・ヒトラーに継承，発展させられ，ホロコーストの悪夢を創り出した。しかし研究を続けていく中で，そのような遺伝学も実は人を支援する１つのヒントになりうると確信するに至った。

　ここで遺伝の基本情報を書いてみる。父親と母親の配偶子が出会い，受精し細胞分裂を繰り返し，組織ができ器官を形成し，胎児期を経てこの世に生を受ける。その際に配偶子の中には，染色体という顕微鏡下で観察可能な構造物があり，その中には，DNA という化学物質が織り込まれている。DNA は食塩や砂糖のような化学物質であるから，もはや顕微鏡でも見ることはできない。1953年，ワトソンとクリック（Crick, F. H. C.）が，Nature 誌に，DNA が二重らせん構造であることを明らかにした。二重らせんであるから，２本の DNA 鎖をつなぎとめる構造があり，それがグアニン（G）とシトシン（C），アデニン（A）とチミン（T）の４つの塩基である。その塩基の配列の仕方によって，遺伝情報は決まる。DNA 鎖に刻み込まれた遺伝情報を「遺伝子」（Gene）と言い，「染色体」（Chromosome）そのものの情報を合わせて，今では遺伝情報の全てを「ゲノム」（Genome）と言う。ヒトの遺伝子は合計で23,000個と言われていて，この中に様々な遺伝情報が組み込まれている。その中には30億と言われる塩基対があり，それらはかなりの頻度で変異を起こすことが知られている。

　変異による遺伝子の機能への影響は様々である。まれなことではあるが，１個の塩基が変化したことで決定的な影響が出る場合を，遺伝子の突然変異（Gene Mutation）と言う。この場合，個体には明らかに変化が起こる。ある場合は何らかの疾患を発症したり，時には生きていくことさえできない，つまり死産となる。まれな状態はまれな変異で起こるという現象であり，Rare disease-rare variant 仮説と言う。一方で，影響が極めて小さい変異も多い。これを一塩基多型（SNPs）と言う。ただし，この変異が運悪く１個体に複数集まってしまうと，何らかの疾患

を発症しやすい状況に陥る。この状態で環境要因，すなわち生活習慣の関与があると，病気になってしまう。精神疾患や糖尿病などのありふれた疾患は，通常はこのような仕組みで起きるという考えがCommon disease-common variant 仮説である。さらに，エピジェネティクスという，生まれた後の遺伝子の変化は，成育環境に強い影響を受けることが知られている。DNAの遺伝情報は，mRNAによってアミノ酸が産生されることがその本体であるが，mRNAの働きが後天的な要因で変化することが知られている。この点は，まだ動物モデルの実験結果に基づく報告が多いが，被虐待児の行動障害などは，エピジェネティクスによって説明でき，心理介入の一助になるのではとの報告がある（Boutwell & White, 2019）。

　よって家族内に上記のような疾患を持つ方（罹患者）がおられたら，患者さんにその影響がないかどうかを評価することは，今後の本人さんの支援だけではなく，家族の支援にも欠かせない重要な視点となる。遺伝という現象は，生まれたときに備わっている運命を感じさせるものであって，心理師がどうにもなるものではないと感触を持たれるかもしれないが，正確な理論に支えられた支援は，Clにとって必要不可欠と信じる。遺伝カウンセリングは，遺伝と家族という究極の臨床の場であり，本学会の特別講演を担当された福嶋義光教授はその第一人者である。

　今『事例で学ぶ家族療法・短期療法・物語療法』（長谷川・若島, 2002）という非常に魅力的な本を開いている。4章で提示される摂食障害は，精神科臨床で時々遭遇しかつ治療の困難な疾患である。筆者も述べているように，摂食障害の家族背景は複雑で，病理性を有している経験を私自身もしばしば持ち合わせている。私の経験した20歳の女性の患者さんは，父親が社会的な地位が高い人であった。しかし，面接を進めている時に，その父親は非常に視野が狭く，価値観が固定され，周りに押し付けていく傾向が目立った。私は当時，「家族療法」という概念の勉強不足であったので，治療の主軸を患者さん自身に重みを置き，結果，彼女は治療から脱落していった。父親を医療面接したわけではないので，

断言はできないが，発達症の疑いは強い。であれば，父親や，その影響
を受け続け抑圧されていると見えた母親へのアプローチも行うべきで
あったのだろうと悔やまれる。発達症は遺伝負因があり児に遺伝するこ
とがあるので，おそらくはその患者さんも父と同じような傾向があり，
その部分への介入もできたのかもと今になって思う。

　最後に，勉強不足であることを重々自覚した上で申し上げる。私自身
は，患者さんの家族背景を立体的に把握し，治療の「効率化」を目指し，
患者さんが治療者に依存しないように，できれば早い時期に社会に復帰
してほしい，と願って毎日の臨床に取り組んでいる。時間を節約し，医
療の効率化を目指すのは，本来の家族心理学会の目的ではないと思われ
るが，家族療法を駆使することは，理想的な医療を担うのに非常に有益
ではないだろうか，そして遺伝学はその理論的背景のほんの一助にはな
るのではないかと思う。そのことを次世代の心理職，医療職にもぜひ学
んで欲しいと思う。

参考文献

Boutwell, B. B. & White, M. A.　2019　Editorial overview : The confluence of
　human health, psychology, and genetics : New opportunities to grow our
　understanding of ourselves. *Current Opinion in Psychology*, 27(3), iv-vii.
長谷川啓三・若島孔文(編)　2002　事例で学ぶ家族療法・短期療法・物語療
　法．金子書房．
中根充文　2010　社会精神医学のいま―疫学的精神医学へのアプローチ．中
　山書店．

面接室を超えて

家族療法の社会的活用と現在

長谷川啓三

1　我が国の家族療法の出発前後

　日本家族心理学会第37回年次大会で石川元，東豊，長谷川啓三，生田倫子の４人のシンポジストで大会シンポジウムが組まれた。プログラム名は「日本の家族療法／短期療法の過去・現在・未来」であり，司会は佐藤宏平（以上，敬称略）が務めた。以下には表題について上記シンポジウムの内容も含め筆者の視点で述べる。

　さて，私たちは，石川先生のご登壇に，大いに期待をして臨んだ。石川先生がかつてお勤めでもいらした香川大学のその場で，お会いすることを楽しみにしていた。実際にはコロナ禍の中，リモートセッションであったが，黒滝直弘大会長，野口修司事務局長のご尽力で，よく準備され，問題なく会議は進められた。

　私個人について言うと，石川先生には，東北大学に大正年間から始まった丸井清泰教授と古澤平作助教授らによる精神分析の流れと，この時点では新興の家族療法，さてどっちを主として研究者人生を歩んでゆくかで悩んでいた丁度そのころに出会いを得ることができた。古澤平作の高弟である霜田静志に教育分析を受け，日本精神分析学会に所属して

いた筆者は，分析の中堅としても大活躍中の石川先生が当時お勤めの医科大学にも参り，ご意見を伺った。そして家族療法を第1とし，分析を第2とする！　と決めた。決断できたのは「分析は内なる家族，家族療法は外なる家族を扱う」という先生のご助言だった。その後に大学院に臨床心理学の講座を拓く役割を担った際にも，この時の決断が役に立った。また第2とはしたが，自分らの小さな「運動」も益したか，現在は，精神分析導入期の東北大学の役割が，辞典や著書で評価されている（西，2019）。

　シンポジストの特に最初の3人には，それぞれ家族療法の先駆的な導入者にあたる優れた研究者と勢いのあるグループがあった。シンポジストたちは，そこに学んで出発した。したがって「第一世代」というよりは「家族療法の第二世代」と呼ぶのがふさわしいかと筆者は考えている。違いの1つは，翻訳や論文の紹介期を経て，システム論に基づく家族臨床を“日常的に”やり出した世代ということである。筆者の場合，紹介したものも第二世代と言えるドシェーザーらの解決志向アプローチを含む。

2　シンポジストの共通点，ふたつ

1）「家族の問題にする！」

　I. P. と略記される Identified Patient。これに含まれる考えが，特に石川，東，長谷川という世代にとって，またその世代から学んだ生田らの世代にとっても，重要な共通点のひとつとして話は進んだ。それは「患者とみなされた者」という意味だが，「この子の抱えている問題」として子どもさんと来談された時点から，治療者側は「家族がそうみなしているのだな！」と考え，セラピーを進めていく。つまり家族の問題意識とは反対に「家族側の問題」として，ある意味では戦略的に，問題の「構成主義的な」再定義から出発する視点である。もちろんこの見方はさらに上位の視点をとったり戻ったりすることもあり得る柔軟な視点だが，きわめて重要な「システミックな見方」である（長谷川（編），2005）。

２）家族療法の訓練方法の進歩性と利点

　日本では「グロリアと３人のセラピスト」という映画は現在でも話題になる。セラピーの訓練用の映画であった。製作された米国では現在は使用されていない。この中で受容的方法，認知療法，ゲシュタルト療法のスターがグロリアという女性の心理的問題を巡って実際に面接する。順番にカール・ロジャース，アルバート・エリス，フレデリック・パールスの３人である。歴史的には重要な価値がある。この小論を担当している筆者は，このうちの２人，ロジャース博士とエリス博士には実際に訓練を受ける機会があった世代で，ニューヨークと東京での訓練を含め，また日本の学術団体への招聘に関わり，直接的な学びを得られた世代である。ロジャース博士には柘植明子先生とのご昼食に複数回，誘っていただいた。若かった筆者は「受容的方法は，逆説的な方法では？」といった質問を臆面もなくしてしまった。否定はされなかった（畠瀬ほか（編），1986）。

　さて，先の映画を観終えた者は，この３人が拓いた学派のどこが，より優れている，あるいは劣っているのか，といった議論がしたくなる。が，家族療法を実践している者からみれば，いずれも「個人療法」として１つに括れてしまうものである。３人はフロイトの精神分析を批判して出発したが，個人療法としては同じ位置にいる。

　個人療法に共通するスタンスは「他人と自分の過去は変えられない」である。一方，家族療法は，諸派で若干の違いはあるが「一人の行為はどうしたって他者に影響を与えてしまう。与えないようにしようとすることが影響を与える」である。家族療法では一般的な面接場面のビデオ撮影も，来談した「家族成員間とセラピストとのコミュニケーションによる相互影響過程」に関わるものを記録していると言える。

　家族療法の訓練は当然ながら「チーム」形態で，ビデオを通じて研修生はライブで学び，次第にサブの面接者からメインの役割を務めるように学んで行ける。１回の面接に多くが参加できる利点もある。

　また筆者らが「チーム内守秘義務」（最初は「集団守秘義務」としたが誤解を生み易い名称でもあり，その後すぐに変更した）という概念を

心理臨床学会で最初に提案し，受け入れられるものになって久しい。それができたのは「チーム」が当然の家族療法では，最初から存在していたからである（村山（編），2007）。

3　家族療法の社会的活用と現在

さて，以下には，家族療法家として出発した自分たちの，その後の経験から，表題「面接室を超えて─家族療法の社会的活用と現在」を述べさせていただく。

1）「地域を支援する」ということへの大きなヒントになった家族療法

2011年3月11日に発生した東日本大震災はその地域にある基幹とされる大学に勤める筆者らを，被災者として，と同時に支援者としても活動することを強いた。国際的なレスキュー機構に関わる米国・印度・日本人専門家グループによる3日間にわたる支援方法の講習を地域の支援者と研究者と共に学ぶ場所を設けた。これから支援に臨もうとする者の，いわゆる「支援者支援」にあたる。研修の内容は，誠意に溢れた優れたものだったが，何かが不足していると感じた。個人療法もしくはそれをグループに広げた，よくいって集団療法的なものが主であったからである。

支援対象は，被災された個人のカウンセリングと支援者支援は当然であるが，被災者がその後長く暮らすことになった，避難所，仮設住宅を含む「地域の支援」である（長谷川・若島（編），2013；2015）。

「地域の支援」といっても実は難しいものがある。ある支援チームを任された外国人の医師が，「地域支援といったって何をすればいい？」と迷ったという記事を当時，読んだ。自分たちも同じであった。

解決は家族療法的な視点を加えることであった。私たち家族療法を主とする研究者と大学院生は，家族療法で日常的に見ている，家族成員間の交流，この場合は避難なさっている方々の「そんな日常の交流を支援する」こと。その場合，ボランティアとして訪れる歌手の方やアーティ

ストを紹介するといった，いわば「非日常」的なことも含め，避難者の「日常の中の例外」を拡大することが有効であった。避難者同士の結婚，支援物資の配給の中で始められた川柳作り（南三陸「震災川柳」を出版する会，2013）。小庭に花が咲いたなどを記事とした「ニュースレター」と呼んだミニコミ紙をつくり配布しながら各家庭の状況を知ることにした。「例外」はいくつも見つかる（長谷川・若島(編)，2013）。

　そして心理的な安寧という点で大きなものと知った「葬儀」。それに伴う宗教的な儀式も家族療法の「儀式処方」としての視点から違和感なく，むしろ積極的に受け入れることができた（長谷川・若島(編)，2015）。

　またこの震災で注目があたった「あいまいな喪失」。その創唱者であるポーリン・ボス博士は，家族療法の第一世代として私たちの分野をけん引されたカール・ウィタカー博士の門下であり，「あいまいな死はあいまいなままでいい！」という，初めて聞く支援者には驚くような，ボス博士の言も，システミックな意味で理解することで納得がいった（黒川ほか(編)，2019）。

2）子どものための家族療法から本来の夫婦・カップルのための家族療法へ

　震災があってから，大学の臨床心理相談室で，夫婦・カップルの相談が増えだした。ある事例では，震災を経験したがゆえに主人のプロポーズを受け入れた，しかし今後が不安であるというのである。「震災婚」と名付けたが，「震災離婚」と合わせ，別に報告もしている（長谷川・若島(編)，2015）。

　家族療法の日本への導入者のお一人でベイトソンの研究チームにもいらしたボスバーグ博士の奥様でもある佐藤悦子先生は，日本にはカップルセラピーの導入は難しいのではないかとフロリダのご自宅で話されていたことがある。日本の家族文化等を考えると，である。それが2011年の，この年からケースが増えてきたのである。首都圏ではその少し以前から，同じことを聞いていた（長谷川，2020）。

　日本の筆者らは，それまで子どもの問題が中心だった。家族療法は，

本来は夫婦・カップルの問題解決のために生まれたという面がある。そして，その面接は，なかなか難しいものがある。葛藤が本物で年季が入った「重症」カップルが多いのである。

　筆者らは，彼らなりの解決策とも理解できる「家庭内離婚」が多い日本で，また，女性の自立が本格的な時代を迎えた今後のセラピーは恐らく，これまでの社会的議論を踏まえた方向で，有効かつ"ブリーフ"な視点を持った「カップルセラピー」の工夫が要求されて来ると考えている（長谷川，2020）。筆者らは，本学会の姉妹団体で1985年に創立の「日本家族カウンセリング協会」等を拠点に，男女一組で面接し監督（スーパーヴィジョン）もコラボラティブなプログラムの開発の過程にある（Berg，2020）。

文　献

Berg, I. K.　2020　コラボラボラティブなスーパービジョン．ITC 家族心理研究センター．連絡先：〒981-0943 仙台市青葉区国見1-8-1 東北福祉大学三谷研究室内 ITC アーカイブ．

長谷川啓三　2020　コロナ離婚を防ぎ，「コロナ再婚」を促すカップルカウンセリング．note 特集 つながれない社会のなかで，"こころ"のつながりを．金子書房．
　https://www.note.kanekoshobo.co.jp/n/nd594ab148721

長谷川啓三（編）　2005　臨床の語用論Ⅰ・Ⅱ．現代のエスプリ，454，456．至文堂．

長谷川啓三・若島孔文（編）　2013　震災心理社会支援ガイドブック―東日本大震災における現地基幹大学を中心とした実践から学ぶ．金子書房．

長谷川啓三・若島孔文（編）　2015　大震災からのこころの回復―リサーチ・シックスと PTG．新曜社．

畠瀬直子・高瀬　稔・村山正治（編）　1986　カール・ロジャーズとともに―カール＆ナタリー・ロジャーズ 来日ワークショップの記録．創元社．

黒川雅代子・石井千賀子・中島聡美ほか（編著）　2019　あいまいな喪失と家族のレジリエンス―災害支援の新しいアプローチ．誠信書房．

南三陸「震災川柳」を出版する会　2013　震災川柳．JDC 出版．

村山正治（編）　2007　学校臨床ヒント集．金剛出版．

西見奈子　2019　いかにして日本の精神分析は始まったか―草創期の5人の男と患者たち．みすず書房．

Psychotherapy for Individual and Family in Justice and Crime Field

Japanese Association of Family Psychology Annual Progress of
Family Psychology Volume 39, 2021

Contents

Foreword ··· Michiko IKUTA i

**A Symposium in the 37th Annual Conference of Japanese Family
 Psycological Association**

Support for Crime Victims and Families of Crime Victims and Offenders ······· 1
    Topic Provider : Kyoko ABE, Aika TOMOTO, Yuko KOMABA
    Designated Debater : Yoshitaka KONNO
    Chairperson : Koubun WAKASHIMA
    Questioner : Keigo ASAI, Shuji NOGUCHI

**Part I : Practices to Support Individuals and Families in Justice and
 Crime Field**

PERSPECTIVES : Recent Developments in Justice and Crime Field
 Psychological Support for Individuals and Families in Forensics and
     Criminology Area : Today's Challenges ················ Hiroyasu FUJITA 32
 Specificity of Clinical Involvement in Forensics and Criminology Area
     ··· Ryoichi HIROI 44
APPLICATIONS : Practice of Individual and Family Support in Justice
                 and Crime Field
 Support for Juvenile Delinquents, Juvenile likely to Commit a Crime
     and their Families by Child Consultation Center ····· Tsubasa HAMANO 55
 Support for Crime Victims and their Families ············ Yoshitaka KONNO 64
 Family Support in Rehabilitation System ···················· Yukoh SATOMI 73
 Support in the Family Court for Girls and Boys with Delinquency
     and for their Families ································· Keishi KASHIHARA 82
 Psychosocial Treatment for People with Drug Addiction :
     Methamphetamine Addiction in Japan ················· Kenji YOKOTANI 91

Issues Concerning the Role of Family Members and Support in the
　　Medical Treatment and Supervision Act ············ Teruyuki NOMURA　99
Psychological and Community Support for Sexual Assault Victims
　　and their Families ···Mayumi NISHIOKA　109
Family Support Program at the Juvenile Classification Homes
　　···Tohru AWA　119
Expert Witnesses in Judicial Trials ····························· Michiko IKUTA　127
Single Session Collaborative / Therapeutic Assessment in a Police
　　Juvenile Support Center ····························· Tadayuki HASHIMOTO　134

Part II : The Forefront of Family Clinical Psychology Research and Practice

Caring for the part of the Personality : Illustrated Complex PTSD
　　···Hironobu NIIYA　146

Part III : The 37th Annual Conference of Japanese Family Psychological Association "Something passed down in the Family from Generation to Generation"

Something passed down in the Family from Generation to Generation
　　····································Shuji NOGUCHI & Naohiro KUROTAKI　156
The Impact of Heredity on the Family ················ Naohiro KUROTAKI　164
Beyond the Therapy Rooms ····························· Keizo HASEGAWA　170

■人名・事項索引■

● あ 行

愛着障害　39
あいまいな喪失　174
悪循環の切断　121
「悪」の相対性　37
アセスメントの問い　136
意見書　130
石川元　170
石牟礼道子　70
一時保護　56
一回型の協働的／治療的アセスメント
　138
一家心中　131
遺伝　164, 166, 167, 168
遺伝カウンセリング　160
遺伝学　159
遺伝病　159
医療観察法　99
内なる「悪」　39
エビデンス・ベーストの心理支援　32
エリス（Ellis, A.）　172
円環的認識　87
円環的認識論　52
親子カウンセリング／心理的アセスメン
　ト報告書　141

● か 行

外在化　61
改善更生　80
加害者家族　1, 3, 4, 6, 21, 22, 23, 29
加害者支援　105
加害者臨床　24

家系図　165
仮説　131
家族システム　104
家族システム療法　41
家族統合　62
家族内での葛藤　103
家族法　50
家族臨床　49
家庭裁判所　51
家庭内暴力　60
家庭内離婚　175
関係療法　37
感情制御困難　149, 151
絆（社会的絆）　38
教育的措置　84, 85
境界性パーソナリティ障害　148, 152
共感的な心理支援　37
協働的／治療的アセスメント　135
近隣住民から否定的な言葉　103
グッド・ライブズモデル　42
クライシス・プラン　105
警察　56
警察少年サポートセンター　134
刑事施設　75
刑事司法　45
構成主義　171
構造派家族療法　41
古澤平作　170
子どもの権利条約　53
子の最善の利益　53
コミュニケーション派家族療法　41
コンプリメント　123

● さ 行

再犯　6
裁判員　130
再犯防止　80
佐藤悦子　174
ジェノグラム（GENOGRAM）　53
支援者支援　173
自我状態療法　147
自己組織化の障害　150
システミックな見方　171
施設心理士　62
児童虐待　55
児童自立支援施設　57
児童相談所　55
児童養護施設　57
司法臨床　54
霜田静志　170
社会調査　83, 84, 85
社会的包摂　83, 89
社会復帰調整官　100
重大な再他害行為　101
重大な他害行為　99
集団守秘義務　172
出生前診断　160
情動障害　38
少年院　75
少年鑑別所　119
少年司法　45
初回面接　76
触法少年　45
震災婚　174
震災川柳　174
心理支援のパラドクス　35, 37
ストレングズ・モデル　42
生活支援　65
性虐待　113
性暴力　110

生来性犯罪人　37
セルフ・スティグマ　64
セントラルエイト　33
専門家証人　127
専門職員　135

● た 行

対象行為の被害者　102
多世代派家族療法　41
立ち直り支援　134
タッピングによる潜在意識下人格の統合
　法　147
ダブルロール　85
短期療法　138
地域援助　119
地域の支援　173
チーム内守秘義務　172
直線的因果論　52
治療的アセスメント　135
つながり　64
「つながり」の喪失　64
動機　128
動機解明　128
動機付（づ）け面接　38, 121
動機づけ面接法　92
特別依頼事項　138
トラウマ体験　64

● な 行

内的家族システム療法　147
ナラティヴ・セラピー　141
二次被害　111
日本家族カウンセリング協会　175
日本国憲法24条　50
入院処遇　99
濃密な親密さが円環するシステム
　133
ノーマライズ　60

● は 行

人格部分（パーソナリティ・パーツ） 153

パーツ・セラピー 146

パーツの分離 147

破壊的権利付与 40

恥の体験 137

発症前診断 159

「犯罪」（crime） 44

犯罪少年 45

犯罪被害者 64

犯罪被害者援助センター 68

犯罪被害者等基本法 3

被害者家族 1, 21

被害者の視点を取り入れた教育 8, 9

被害性の認識 114

非加害親 116

引受人 75

「非行」（delinquency） 45

非行集団 58

非行少年 46

非行臨床 45

フィードバック面接 141

複雑性心的外傷後ストレス障害 150

複雑性 PTSD 150, 152

複数の役割 103

不登校 60

父母合同面接 59

フラッシュバック 148, 151

プレイルーム 61

保因者診断 159

法化社会（Legalized society） 44

報道 4, 7

法務少年支援センター 120

保護観察官 74

保護観察所 73

保護司 74

保護者会 77

● ま 行

マッサージ 69

丸井清泰 170

面会交流 88

悶え加勢 70

モニタリング 107

● や 行

薬物依存 79

薬物依存症 92, 95, 96

薬物事犯者 78

柳宗悦 70

寄り添い 71

● ら 行

離婚調停 51

リスクアセスメント 34

離断 112

量刑 128

良循環の拡張 121

リラプス・プリベンションアプローチ 34

例外 123

レイプ神話 111

● わ 行

ワンストップセンター 113

● 欧 字

do something different 58

EMDR 65

High E. E. 研究 104

#MeToo 運動 109

PE 115

PF スタディによるアセスメント介入セッション 141

PTSD 65

RNR モデル　　33

TF-CBT　　115

USPT　　147

■シンポジウム
○話題提供者
阿部　恭子（あべ・きょうこ）　　　NPO 法人 World Open Heart
東本　愛香（とうもと・あいか）　　千葉大学社会精神保健教育研究センター
駒場　優子（こまば・ゆうこ）　　　法務省矯正局府中刑務所
○指定討論者
今野　義孝（こんの・よしたか）　　今野心理臨床研究所・文教大学名誉教授
○司会者
若島　孔文（わかしま・こうぶん）　東北大学大学院
○質問者
浅井　継悟（あさい・けいご）　　　北海道教育大学釧路校
野口　修司（のぐち・しゅうじ）　　香川大学

■執筆者一覧（執筆順）
生田　倫子（いくた・みちこ）　　　神奈川県立保健福祉大学
藤田　博康（ふじた・ひろやす）　　駒澤大学
廣井　亮一（ひろい・りょういち）　立命館大学
浜野　　翼（はまの・つばさ）　　　千葉県市川児童相談所
今野　義孝（こんの・よしたか）　　今野心理臨床研究所・文教大学名誉教授
里見　有功（さとみ・ゆうこう）　　法務省さいたま保護観察所
柏原　啓志（かしはら・けいし）　　奈良家庭裁判所
横谷　謙次（よこたに・けんじ）　　徳島大学
野村　照幸（のむら・てるゆき）　　独立行政法人国立病院機構さいがた医療
　　　　　　　　　　　　　　　　　センター
西岡真由美（にしおか・まゆみ）　　京都大学大学院
阿波　　亨（あわ・とおる）　　　　長崎少年鑑別所
橋本　忠行（はしもと・ただゆき）　香川大学
新谷　宏伸（にいや・ひろのぶ）　　医療法人社団明雄会本庄児玉病院
野口　修司（のぐち・しゅうじ）　　香川大学
黒滝　直弘（くろたき・なおひろ）　香川大学
長谷川啓三（はせがわ・けいぞう）　東北大学名誉教授

司法・犯罪分野に生かす個と家族を支える心理臨床

日本家族心理学会編

家族心理学年報 39

2021 年 8 月 31 日　初版第一刷発行

発行者　金子紀子／発行所　株式会社　金子書房

郵便番号 112-0012 東京都文京区大塚 3 丁目 3 番 7 号

電話 03（3941）0111-3　振替　00180-9-103376

URL　https://www.kanekoshobo.co.jp

〈検印省略〉

印刷　藤原印刷株式会社／製本　一色製本株式会社

ISBN 978-4-7608-2680-3　C3311　　　　Printed in Japan © 2021